U0088618

臺灣歷史與文化研究輯刊

初　編

第22冊

臺灣民間信仰、神壇與佛教發展
——臺灣宗教信仰的特質與趨勢（四）

賴建成、吳世英　著

花木蘭文化出版社

國家圖書館出版品預行編目資料

臺灣民間信仰、神壇與佛教發展——臺灣宗教信仰的特質與趨勢（四）／賴建成、吳世英 著 — 初版 — 新北市：花木蘭文化出版社，2013〔民 102〕

目 12+160 面；19x26 公分

（臺灣歷史與文化研究輯刊 初編；第 22 冊）

ISBN：978-986-322-275-0（精裝）

1. 民間信仰 2. 臺灣

733.08 102002952

臺灣歷史與文化研究輯刊

初 編 第二二冊 ISBN：978-986-322-275-0

臺灣民間信仰、神壇與佛教發展
——臺灣宗教信仰的特質與趨勢（四）

作　　者 賴建成、吳世英
總 編 輯 杜潔祥
出　　版 花木蘭文化出版社
發 行 所 花木蘭文化出版社
發 行 人 高小娟
聯絡地址 235 新北市中和區中安街七二號十三樓
電話：02-2923-1455／傳眞：02-2923-1452
網　　址 http://www.huamulan.tw 信箱 sut81518@gmail.com
印　　刷 普羅文化出版廣告事業
初　　版 2013 年 3 月
定　　價 初編 30 冊（精裝）新臺幣 60,000 元

臺灣民間信仰、神壇與佛教發展

——臺灣宗教信仰的特質與趨勢（四）

賴建成、吳世英　著

目次

附　圖

第三冊

第四冊

第五章　臺灣民俗節慶與寺廟文化

提　要

中華民族歷史悠久，文化燦爛，有許多具有民族特色以及鄉土味的傳統節日活動與廟會。節日風俗，被稱爲是一個民族的文化窗口，它有不同的側面，可以反映出民族的歷史風貌與社會生活，廟會在其間扮演著很重要的腳角色，它是一種人情聚合的橋樑，也是人神溝通的一種現象，更是良好的教化形式。

中華民族的文化精髓與底蘊，不僅存在於卷軸、書籍以及制度性下的體制如傳統或正統的宗教信仰之中，〔註1〕還有更豐富、更迷人的那些紮根於神州大地的鄉風土俗。「節日期間，豐富多彩的習俗風尚、人民的衣食住行、民族的傳統藝術、民間的宗教信仰，以及人們之間的社會關係、人際之間的各種情感，都會得到充分的展現，構成一幅幅濃縮的社會生活場景。中華民族的文化深層結構即價值觀念、思維模式、倫理道德、行爲規範、審美情趣等在歲時節令中均得到突出集中的表現。在節日風俗中貫穿著一條脈絡，即樹立正氣、揚美德、顯智慧、鑒善惡，凝聚著歷代人民對生活的美好追求和嚮往。」〔註2〕

〔註1〕《社會中的宗教》，頁 431 在談論「新興宗教運動與膜拜」時說：「傳統的宗教形式、宗教答案和解決方法，對許多人都變得不滿意，甚至是空洞和漠不相關了。」同樣的情形，可以反映在傳統的教育，以及傳統的文化之上，鄉民除了生活之外，留意的可能就是民俗與節慶廟會活動了，而且變得跟他們的生活息息相關，這中間有信仰的成份以及精神的力量在。如板橋黃師傅，隻身在平時從事推拿工作，週六日返鄉同老婆看顧私設的觀音廟，並且與同好共修，還有舉行節日慶典活動。

〔註2〕蓋國梁《民族文化趣談——節慶》（2004 年 5 月，萬里書店），頁 3～5。

在中國，儒釋道三家思想與民間習俗及巫術融會在一塊，佛教和道教在教義方面接受儒家思想，運用宗教鬼神的威力來強化倫理道德在民間的約束力，收到的效果很大，民間佛教與民間道教由是形成了，促成了後來民間信仰的發達。〔註3〕而廟宇是像法的象徵，法能流傳除了經教以及道人之外，就是廟會活動了。廟會是古來的宗教活動之一，在臺灣廟會的日期，雖然與宗教信仰有關，但有時並不一定受到其約束，因爲廟會的功能也在娛樂、交易以及文化交流之上。〔註4〕今日臺灣的民俗技藝與廟會陣頭活動，越來越推陳出新，在隨著全球化與現代性的步伐之下，前進大陸作文化交流，以及到國際舞台上表演，不僅重振民俗文化的社會功能，在使作文明創進上奉獻良多；所以今日臺灣寺廟文化及其功能，已不似舊日的社會，也跟大陸嚴格管制下的寺廟活動，大不相同，其文化活力更是源源不絕，震動起不少芸芸眾生的心靈。本文除「緒論」與「結論」之外，分「宮廟神壇的社群活動」、「宗教與家廟的功能」、「佛教文化與民間信仰」、「臺灣寺廟文化」、「臺灣與大陸的廟宇」等單元來加以討論。

一、緒　論

臺灣民間信仰的特質，可以從300多年來漢民族自廣東、福建兩省遷移、定居以及政府播遷來臺後的發展中，可以窺見其貌。〔註5〕臺灣的民間信仰，有其多元性及複雜性，要理出一個清楚的定義不是一件容易的事，一般學者都是概括以說。〔註6〕民間信仰及其節慶活動，就社會學的角度來看，它是一種特殊社群的組合與有意識的活動，從政府管理者的立場來看，則當妥善加以管理與輔導，有利於社會發展。宗教信仰的現象，是人類由古至今人類心象的表徵，因爲民眾總是求福避禍，想從神明那裡討到實惠，以利於現實的生活。侯杰說：「宗教家爲神靈設計的等級體系，在民眾眼裡並不是十分重要的，因爲凡是他們求助的神靈，都無一例外地得到供奉。」〔註7〕關於宗教信

〔註3〕柳立言〈宗教與民間信仰〉，《中國社會史》，頁310～311。
〔註4〕邢福泉，前引書，頁26。
〔註5〕游謙〈歷史創傷與儀式治療〉（民國93年11月，《宗教論述專輯第六輯》），頁254。
〔註6〕林榮澤《臺灣民間宗教研究論集》「序言」（2007年10月，一貫道義理編輯苑），頁1～2。
〔註7〕《中國民眾宗教意識》「序」，1994天津人民出版社。

仰，哲學家通常把它們區分爲二，一是制度宗教，一是民間信仰，通常是民間信仰的人口數較多。在臺灣民間信仰的種類繁多，其科儀與教法雜揉性強，這是民間信仰的韌性與因應社會變化所造成的。〔註8〕民間信仰在臺灣社會上繁興，柳立言在〈道教與佛教〉一文中說：「流行的佛教和道教，只能算是世俗的或民間的佛教和道教，深奧的部分屬於高僧和有道之士。一般民眾所關心的，通常只限於跟現實生活相關的信仰。」〔註9〕另從「心理的觀點」和「社會的功能性」上看來，我們不能不承認民間信仰有其現實性與重要性。〔註10〕臺灣宮廟、神壇特多，巫覡活動繁盛，在社會上必然產生其影響力，值得我們趨進去觀察與深入的研究探討。

學者專家雖然說制度性的宗教與民間信仰有別，而民間信仰中的神壇與神廟也有不同之處，神壇乃私人所有。〔註11〕但是，任何宮廟、神壇能獲得民眾的崇信，都不免有其「靈聖」處，即它存在著超自然的力量如預言、療癒與制煞、驅邪等；「巫師在一個群體中，進行自己的工作，就實際意義而言，是這個群體允許這個巫術師進行工作。因此，即使這個巫師是單獨在工作，但其工作仍是這個群體所允許他的。」〔註12〕在臺灣這個社會上，很難用宗教立法，去約制它們，因爲這違反宗教信仰的自由。這也就是說，私設神壇施行巫術事，關涉到聖與俗、合法與理性、個人與社會互動諸問題，碰到眞與假、財物施與受等爭執問題，這些或屬於是民法、刑法的課題，〔註13〕如屬於教會的自律課題，那就如同民間常說的：「清官難斷家務事了。」〔註14〕關於如何管理它們，如同管理寺廟財產一樣，〔註15〕是一個重要課題，如何

〔註8〕傅佩榮〈由宗教哲學對兩岸宗教文化的初步反省〉，《兩岸宗教現況與望》，頁82～83。

〔註9〕柳立言《中國社會史》（88年8月，國立空中大學），頁312。

〔註10〕李世瑜《現在華北秘密宗教》「吳澤霖序」。

〔註11〕林本炫，前引書〈附錄四宗教立法應審愼爲之〉，頁160。

〔註12〕《社會中的宗教》，頁28～29。

〔註13〕林本炫，前引書〈附錄四宗教立法應審愼爲之〉，頁160～161。

〔註14〕賴建成〈民間信仰與神壇初探〉，民國93年內政部宗教叢書系列《民間信仰與神壇》。

〔註15〕林本炫，前引書〈附錄四宗教立法應審愼爲之〉，頁162云：「至於寺廟財產之管理部份，我們必須承認，在臺灣特有的民間宗教信仰形態下，想要以任何手段防止寺廟財產管理之流弊，的確有其困難。」不僅是財產管理問題，還有其設壇、立講堂或建寺廟，或者是行使巫術、舉辦社群活動，如不犯法，都在宗教信仰之列，不是其他制度性的宗教所能制止的。

使其走向合理化、國際化。

此外，近年來臺灣的節慶活動，伴隨著時代的演進，民俗文化保存的呼聲日愈高漲，在政府與民間團體的推波助瀾之下，節慶活動變成豐富、多彩，主題的態不斷地推陳出新。因此，在臺灣除了傳統節慶之外，地方新節慶也被塑造、增華，而呈現精采的文化內涵，成爲今日臺灣節慶活動的重要的一環。〔註16〕

二、宮廟神壇的社群活動

臺灣的宗教，走過了日據時代，由社區爲主導的寺廟形態，到了光復之後士民播遷來臺這段期間，帶來了不少的分靈、分香式的宗教神祇，加上新移民不斷地前來，帶動了民間信仰的繁興；初時政府的對宗教的管理嚴格，使得宗教禮拜的性質有所改變，也影響到廟宇的發展，有些宗教走上自力更生的道路，但隨著解嚴到來，社會風氣越加民主自由，經濟的良性發展，臺灣廟宇隨之林立，大街小巷沒立案的私人神壇隨處可見，居家所設而又有信徒的佛堂或神壇，更是不計其數；這些共修或有法會存在的組合，不全然僅是社區人的信仰與活動，〔註 17〕在宗教自由的前提下，目前非政府法令所能管理的，但以前卻常加以干涉。〔註 18〕就中國大陸來說，宗教是社會的一種異化，它們是人性所導化出來的，要取消了它們，大是他們的難題，所以暫時保存它們。〔註19〕

就這些神廟與神壇，常被正統宗教或哲學家視爲「宗教的異化」，常被冠上俗化或迷信的象徵，〔註20〕但它卻是某些民眾信仰的中心，是臺灣民間信仰特有的現象，有的學者強調該給予尊重。〔註21〕窪德忠在〈廟宇供奉的諸神〉文

〔註16〕王淑端〈臺灣的節慶與祭典〉，《臺灣歷史與文化》(2008年9月，新文京開發)，頁200。

〔註17〕賴建成〈民間信仰與神壇初探〉，2004年11月內政部《宗教論述專輯》第六輯，頁211。

〔註18〕有關政府對新興宗教的干預，參見林本炫，《臺灣的政教衝突》〈附錄〉，頁143～162。

〔註19〕王芳恆〈開放精神與理性思考的結晶——評呂大吉先生的《宗教學通論新編》〉，牟鐘鑒主編《宗教與民族》，頁287。

〔註20〕傅佩榮〈由宗教哲學對兩岸宗教文化的初步反省〉，《兩岸宗教現況與望》，頁82～83。

〔註21〕林本炫，前引書〈附錄四宗教立法應審愼爲之〉，《臺灣的政教衝突》，頁162云：「至於新興宗教之設立傳教，也應本自由與民主的精神不加以不合理干

中說：「人們身處逆境或遇天災人禍，便認爲自己的言行觸怒了神靈，於是向神請罪、懺悔，希望神明息怒，祈禱神靈依舊像往常那樣降福施恩，保佑自己；發生洪水災害時祈願水神河神或其他與水關的諸神收水；遇乾旱則祈求龍王施雨；希望個人的事業有所發展或買賣興隆便祈禱財神；家裡有人生病則先看醫生，可是看了兩三位醫生仍不見好，便去廟宇求籤，或求扶乩、童乩，按照扶乩或童乩的乩示服藥治療（中略）。倘若幼兒生病，人們就去參拜稱娘娘的女神（中略）。以前，婦女懷孕後，往往首先去參拜娘娘廟。在臺灣，注生娘娘是這類信仰的中心女神，然而我卻感到信仰媽祖的人更多。」〔註22〕至於天公，神壇的敕令都來自祂，窪德忠說：「在當今的臺灣，人們認爲玉皇大帝不僅能左右人類的命運，而且還掌握著一些生物的成長和發育，以及賞罰大權，因而受到人們的虔誠信仰，尤其是有16歲以下男孩的家庭，對玉皇更是尊敬和信仰，家裡有多少這樣年齡的男孩，就供奉多少燈座，一定時間之後燒掉。據說這是回報玉皇大帝的禮物，因爲玉帝賜給了這家庭男孩。」〔註23〕在臺灣，土地神夫婦同時被供奉的土地廟不多。「傳說土地神的生日一年中有兩次，一次是舊曆2月初2，另一次市舊曆8月15日。臺灣、東南亞的農民、商人，尤其是商人，爲了買賣興隆，每月初2和16都要祭土地神，稱之爲做牙，舊曆2月初2的祭祀稱爲頭牙，12月16日的祭祀稱爲尾牙，這兩次祭典尤爲盛大。尾牙時，連佣工、顧客都要請到，做牙時，一般神也一并祭祀。」〔註24〕

目前的臺灣，社區活動很盛行，李登輝在《經營大臺灣》一書中多所強調，但黃光國先生在〈社區的異化〉一文中說：「目前臺灣社會最需要的是社群主義，而不是社區主義。」〔註25〕一座寺廟或神壇，主事者或靈乩與乩童，能否存續發展，這關涉到薪傳、能力與開創諸問題，〔註26〕如何把它們的文明融入國人

涉，其傳教活動如有違反法律之部份，也應如既有之宗教團體一般，交由法院裁決，不應由主管機關於事前依主觀判斷而決定其存立與否。」

〔註22〕窪德忠，前引書，頁26～27。

〔註23〕窪德忠，前引書，頁76。

〔註24〕窪德忠，前引書，頁165。

〔註25〕黃光國《民粹亡臺論》（1996年3月，商周文化），頁83。

〔註26〕佟德富在〈原始宗教與少數民族傳統文化〉，《宗教與民族》，頁99在談論「原始宗教與少數民族道德」時說：「在一種特定的、十分神秘的氣氛和環境中，經過各種教育和考驗，使受禮者與超自然的神靈發生聯繫，使動物式的欲望受到限制，不斷受到自制的教誨，在實踐中學會自立的能力，培養倫理道德意識，從而對於成年後的行爲產生一種神聖的道德責任感和道德義務感。在人類社會的發展中，如果沒有這些原始宗教的嚴酷的禁忌制度，人類社會的

生活腳步的問題，以及它們大眾士民在心目中定位的問題，以及如何把文明轉變成被人群所容受而形成傳統文化的一部份問題。以松山慈慧宮爲例，它比較著重在凝聚社區的情感，跟大甲人的風土文化有所不同。許恩婷在〈媽祖超級行銷員——結合信仰與地方文化〉文中說：「在全臺民眾的關注下，大甲媽祖遶境順利的完成了，而北部的媽祖娘娘卻正起駕出巡。北部媽祖文化節，今年（民國 94 年）由歷史悠久的松山慈祐宮主辦。走進寧靜祥和的慈祐宮，負責活動規劃的總務林麗華，正忙著處理文化節的相關事宜。她說，今年的臺北媽祖文化節，除了慈祐宮媽祖會遶境臺北市外，還安排了傳統戲曲表演，精彩可期。談到遶境，林麗華說，其實慈祐宮每年都有媽祖南下遶境的活動，人數規模也不小。不過，因爲附近十三庄信眾的要求，及爲顯示對媽祖的誠心，所以也不會去通知媒體或擴大宣傳。她接著說，除了宗教祭祀活動外，平日慈祐宮多專注於社區營造工作，像是舉辦義診、健康講座，或辦一些藝文活動，提供社區民眾一個表演揮灑的空間，凝聚社區共識。」不過，同樣是媽祖文化節，大甲的宣傳和歸模似乎大得多。「對此，林麗華笑笑說，鎮瀾宮的情況比一般廟宇特殊。慈祐宮是佇立在喧囂中的一座廟，是附近民眾的心靈依歸，也是社區營造的重心，所謂的行銷或公關對他們來說並不重要。對慈祐宮來說，媽祖娘娘的教誨就是最好的行銷，祂的慈悲就是最好的公關。像這次北市的媽祖文化節，慈祐宮盡全力配合文化局辦理活動，不曾想到要替自己宣傳、廣告。」〔註 27〕其實在臺灣佛、道的大型廟宇，都在配合著地方政府或是中央的政策在辦活動，廟宇越偏僻、遠離社群的，辦的活動越是大，所以需要宣傳；而居於鬧區的廟宇，早跟社群的人結合在一塊，所以只要正常的、例行性的辦活動，或增添一些特色即可，不用大肆鋪張與宣傳。

臺灣社會的自由性、自主性，也造成社會巫覡的多元性與變化，而古文獻中的巫覡，臺灣漢人慣稱爲乩。戰前臺灣的乩，可以分爲童乩、鸞乩與雜乩三種系統；戰後，臺灣靈乩崛起。〔註 28〕乩是爲神作用而設立的，當作救世渡人的神器，憑藉乩的飛動而降神，所以執乩人被要求一定要有至大至公的修養和不偏不倚的內涵在，始稱之爲神人相感之靈乩，有的不用扶乩如宜

文明和發展是難以想像的。」

〔註 27〕許恩婷〈媽祖超級行銷員——結合信仰與地方文化〉（2005 年 5 月 10 日，中華民國國際工商文經交流協會《中華文化雙周報》第 10 期），頁 73～74。

〔註 28〕鄭志明〈臺灣靈乩的宗教形態〉，《宗教論述專輯第六輯——民間信仰與神壇篇》，頁 4～5。

蘭壯圍天君殿林先生則用紅原子筆寫天語，且能自己解釋字的意義；東湖太子爺用硃砂筆寫字，以示你自己看的，不是我說的；兩者都有示天機而不漏天機的矛盾行法在，此外太子爺辦事時喜聞燒楠木粉的刺激香氣，〔註29〕不然要退駕去。臺灣有些作生意的人會養小鬼；利用養小鬼算命，小鬼可以在很快的時間內蒐集資料，並等算命者離開後，算命師父利用符咒把小鬼放到身上，無形間控制算命者，輕則沒感覺，略爲疲倦；重則無知覺，或者行爲異於常人。小鬼的功用，除可以蒐集資訊，還會依照主人的要求，來達成任務。一般家庭在祭拜關帝爺或是王爺公時，多半會愛屋及烏，連同這些神明的兵將，都一起犒賞。其實這些兵將，就是一些孤魂野鬼；一般家庭在初二、十六，會去祭拜土地公，並希望過路財神能夠一併接受犒賞，以達到自家生意興隆；這些過路財神，也是一些長年飄盪在外的鬼魂。有兩則故事蠻有趣的，曾經有人惹上嬰靈找寂照師處理，這個嬰靈被處理過後就跟著人走，有一小胖喜歡鬼道，他就養起小鬼來了，但他一直留連網咖沒時間養小鬼，小鬼就跑掉了。還有一則，是蔡先生養小鬼求作生意發達，卻弄得家宅不安，小鬼跟著女主人久之出事了，女主人到夜晚講話都像嬰孩聲音也喜愛吃糖果，後來經過太子爺處理過後，兩個小鬼到宮廟修行去；但乩身的廖先生心貪，覺得別人養小鬼都有賺頭，他夜晚管理某家店裡生意時就試看看，要小鬼幫他招攬客人，初時還好但後來卻生意不佳，因爲幫神明辦事者豈能藉此謀利的緣故，太子爺不允許廖先生做這種事；由此可見當乩童的心裡頭容易產生執念，尤其是色欲與錢財，這種情事在靈乩界更是嚴重，所以道門需要戒規與自律。

臺灣的民間信仰中，包含著神壇與鸞堂、乩童與靈乩之別，鸞堂則與古來的儒家倫理有關。關於神壇的發展，鄭志明教授在〈臺灣光復後的宗教流變〉文中說：「臺灣光復以前，民間鸞堂的宗派極爲單純，不是屬於南宗即爲北宗，而且著重於民間倫理與道德的勸化（中略）臺灣光復以後，又因大陸淪陷，原有的民間教團也撤退來臺重新出發，一時教義相似的民間教團林立，又有部分宗教英才自立新的教門，收徒闡教，使得神壇觸目皆是，令人矚目。」〔註30〕宗教或道場的發展，取決於人的能力以及跟環境互動的情形，還有它

〔註29〕關於香料的神秘特性，見蕭兵《民俗趣談——避邪》（2004年5月，香港萬里書店），頁42～47。香能通神，使人身輕。而天書，民間謂之鬼畫符，使靈乩具權威性與神祕感，如同法印章與旨令一樣，外人難知其玄意。。

〔註30〕《臺灣民間宗教論集》，頁105。（民國73年，臺灣學生書局）

們能不能被社區或社群所容受。大衛・卡曼說：「我們的生存能力，至少有部份須取決於我們創造適當場所的能力而定亦即一個令人們滿意，且符合未來工作模式與生活型態的場所。」〔註 31〕

這也說明了，臺灣的宗教之所以能夠生存、發展的要素，這跟領導人或主事者個人的魅力與行事風格脫離不了關係，看人間佛教的領導者星雲、證嚴與聖嚴諸法師就是實例。

初時宗教的發展，從個人風格始，在群眾中發展一陣子，就會轉變成社群活動，有的固守在一個地方，有的發展很快，都有其因素在。黃光國教授在〈社群主義〉文中說：「解嚴之後，國家對民間團體的干預大幅減退，民間社會長年所受的束縛宣告解除，人民參與民間社團的意願大為提高，許多民間團體也摩拳擦掌，紛紛強調其自主性，準備擴大發揮其社會影響力。」〔註 32〕因為神壇在臺灣社會上有其功能性與發展性，所以成長很快。對神壇在管理上，則更要深思熟慮其信仰的特質，掌握其具體的功能性，輔導其走向專業化，〔註 33〕乃至於深具觀光化與國際化，方能符合社會進化的腳步。

三、宗教與廟宇的功能

宗教界人士對於拜拜不同民間信仰，拜拜與對神壇的崇信這個舉動，對民間人士來說，不僅是在向神明討個實惠這麼單純，它還有求心安、求理得的作用在，這也是中國人所說的天道。天道在民眾來看，不似佛教說是在人心，也不似一些人有委屈訴之於法律，而他們常是訴之於神明求個公道。到寺廟拜拜、求高僧道人加持、求神壇祭改等這些行持，在他們心目中是實在的行為。以媽祖信仰為例，顏瓊玉在〈進香文化共築心靈之所——一步一腳印遶境心意堅〉文中說：「在臺南市鬧區做生意的王大姐，不顧這幾天沒有進帳，堅持一定要到心港奉天宮參拜大甲媽。27 年前，她一心希望懷胎生個女兒，但看遍名醫、吃過無數民間偏方，肚子卻始終沒有動靜。無計可施之下，她到臺南市土城的聖母廟求媽祖。她表示：『說也奇怪，我拿著媽祖給的藥帖

〔註 31〕尼克・華茲等著、謝慶達等譯《社區建築》「第七章展望未竟之路」（民國 83 年 9 月，創興出版社），頁 208。

〔註 32〕《民粹亡國論》，頁 86。

〔註 33〕關於神壇的管理問題，參見黃慶生《我國宗教團體法制之研究》（民國 92 年 1 月，銘傳大學公共事務學研究所碩士論文），294。

到藥房抓藥，沒想到連吃 5 天後，醫生就宣步我懷孕了，也真的讓我生下一個女兒。』不管是巧合或是媽祖顯靈，她始終相信『心誠則靈』。如今而兒女都已經長大，看著他們個個有成就，她信仰媽祖的心更加虔敬。跑遍全臺媽祖廟的她說：『我喜歡看著大甲媽的臉，祂散發出一股寧靜、祥和的力量，心裡有什麼煩惱，看著看著，就消失了。』」〔註 34〕「隨著閩粵移民東渡來臺的媽祖信仰，百年來已經在這塊土地落地生根，『三月瘋媽祖』已經成爲人民生活的一部份。即使在凡事講求 e 化的現代社會，跟隨媽祖進香的傳統風俗習慣依舊存在，且備受各界關注。遶境行程中，信徒拋下日常生活中的面具；因著信仰的力量，他們沉澱思慮，有人從中重新找到自己、找到生命的另外一條出路。而民間的底層文化，也在這場媽祖的盛會中，展現其精髓與活力。」〔註 35〕對於民間信仰，中台惟覺法師以爲，信仰當由人「作主」的，「是非善惡、正義、正氣，就是考我們這念心的認同。」拜神明的意義，要知其然，更要知其所以然；要瞭解所拜神明的精神，並不是只拜塑像，要學神明精神，學到了這種精神，自然就能得到神明的護祐。〔註 36〕佛教徒所說的得神明護祐，首先要皈依三寶，在禪修時可請在地神明護祐不遭魔軍侵擾，〔註 37〕可見佛教徒還是承認尊敬神明有其功能在。

拜神明與學佛，雖然不同，但都可以讓人心情安定。空雲法師在〈我的學佛因緣〉文中說：「未接觸佛教之前，我對佛教是門外漢，神佛對我來說都是一樣的，不知世間正信佛教，更不曉得什麼是三寶。小時候，常與媽媽到廟裡燒香拜神。每次到廟裡，看到不同的神就拜。若在生活中遇到困難時，也會請求神明保佑。心中總有說不出的安慰，好像得了神的護佑其實這只不過是精神上的一種寄託而已。」〔註 38〕在臺灣不少人跟母親到廟裡頭拜神明，後來因緣到了轉而學佛；這如同南亭法師說的，拜神總比不拜神好，因爲許多佛教徒是從拜神明中轉念過來的。一般佛教徒，只看拜拜迷信的一部

〔註 34〕顏瓊玉〈進香文化共築心靈之所——一步一腳印遶境心意堅〉(2005 年 5 月 10 日《中華文化雙周報》第 10 期)，頁 67～68。

〔註 35〕顏瓊玉，前引文，(2005 年 5 月 10 日，《中華文化雙周報》第 10 期)，頁 69。

〔註 36〕釋惟覺〈生命中之新生命〉，《中台山》第 81 期（民國 94 年 3 月，財團法人中台山基金會），頁 17～18。

〔註 37〕陳健民《佛教禪定》「附錄一問題解答」(200 年 12 月，北京宗教文化出版社)，頁 329～331。

〔註 38〕釋空雲〈我的學佛因緣〉，《慧炬》第 537 期（民國 98 年 3 月，慧炬雜誌社），頁 59。

份，不看其眞實面，如同白聖法師在〈改良拜拜芻言〉文中說的：「一般民眾在每一次舉行拜拜的時候，總是儘量獻其所好之物來奉祀，希求那些拜拜的神明，予他們以消災免難的安慰。但是否眞有靈驗，只有鬼神們自己知道。問他們拜拜的所以然？他說他是聽他爸爸說，要他這樣做才這樣做的，他爸爸是聽他祖父說，要這樣做才這樣做的。」〔註 39〕拜拜在民間信仰來說，是一種常識，如同佛教徒的念經持咒也是常識，這些常識都是文化生成的，所以說常識是一種文化體系，〔註 40〕要懂得它就要體驗，但不論你體驗如何，它對某些群體的人來說還是常識，對陌生人來說則不是。不信民間信仰，這人間有很多宗教可信，即使信了也未必如白聖法師說的：「我家窮得連拜拜都不能拜拜，所以我也只好迎頭趕上去拜拜！」〔註 41〕依據臺灣人的說詞，其實是心誠就好，拜拜是一種儀式，是因人因事的設施，其儀禮繁簡在人。對於拜拜原是先民遺俗，其由來已久卻歷久不衰的問題，在杜而未錄《中央日報》刊載的〈拜拜種種〉文中說：「大一個比喻，我們的先民對於神佛的供奉，就像襁褓中的孩提，認爲『有奶便是娘』一樣，偶然而巧合的顯靈護符，不理究竟，便當作神祇供奉，而且張家認爲對他特別呵護的神，李家也想高攀，張家拜神，李家也跟著拜神，但求福利，不問教義。其拜爲何，既不詳其底細，籠統一語即交待過去，大家如此，敗拜之稱，由此而起。這種風氣，尤以本生光復以後爲最烈。由於臺島重回祖國懷抱，省民額手稱慶，乃紛紛將日人佛寺改爲我國寺廟，寺廟既多，祀神祭典也愈繁了。」〔註 42〕

臺灣光復之後，巨贊法師來臺巡禮，碰到一爲佛子向其抱怨醫師與神壇事，其在〈臺灣行腳記〉文中說：「因爲在日本時代，人民的生卒，都要向政府指定的西醫師註冊，所以在當時西醫頗有權力，也務也很發達。現在不行了中醫漸漸抬頭。最近臺南一帶流行著這麼一句話：『西醫不如中醫，中醫不如唐乩。』唐乩即內地傳過去的扶乩迷信，近來非常盛行。乩童自稱法子，妖言惑眾，愚夫愚婦趨之若鶩，收入很可觀，因而與下流社會深相結合，造成一種神秘的潛勢力，其氣焰之盛，幾二十倍於光復之前。」〔註 43〕

〔註 39〕《白公上人光壽錄》，頁 32。

〔註 40〕關於常識乃一文話體系，參見克利弗德・紀爾茲著、楊德睿譯《地方知識——詮釋人類學論文集》（2002 年 8 月，臺北麥田出版），頁 107～133。

〔註 41〕《白公上人光壽錄》，頁 33。

〔註 42〕杜而未《儒佛道之信仰研究》（民國 72 年 3 月，臺灣書局），頁 170。

〔註 43〕釋巨贊〈臺灣行腳記〉，《巨贊集》，頁 252～253。

就社會功能來說，宗教與神壇、巫術是有同有異的。〔註44〕美國宗教社會學者羅納德・約翰斯通教授說：「宗教，能給那些感到孤獨和不能在別處減輕自己的焦慮與問題的人，提供服務，並在這一範圍內爲社會服務。」〔註45〕有些神壇有此功能，但宗教不同神壇的，是宗教具有整合群眾的力量，並把內涵加以發揮到社會上。「宗教有一種特別重要的功能，就是它在群眾中把個人帶入一種與別人有意義的關係內。」〔註46〕神壇則藉靈驗神蹟、靈聖來牽引、吸引人群，凝聚香火；而神鬼則藉著氣機（人氣與機巧）修持，增長能力與功德。宗教跟人性脫離不了關係，此外套句馬克斯的話說：「宗教是這個世界的總的理論，是它的包羅萬象的綱領。」要理解人，就要理解這個世界；要理解這個世界，就必須看其理論，契其綱領。〔註47〕要理會神壇與神廟、乩童與靈乩，要瞭解其道法，還有人性之所趨。賴建成在〈民間信仰與神壇初探」文中說：「我們要瞭解臺灣民間信仰與神壇亦然，看其在社會上的活動，觀諸家裡論，絜其綱領，就知道它的門道、社會功能，以及其局限性與將來可能發展的趨勢。」〔註48〕

對於民間信仰，有的居於衛道立場而說它是迷信，或居於宗教信仰自由的角度，則視其爲臺灣獨特的信仰與社民活動。李崇信表示，「神壇每每宣染神蹟、命運、業障，來傳播其信仰并招攬信徒，其所產生的爭執常非當前法律能解決的，只有訴諸教規或宗教人士的自我約束，以及宗教教育的普及與落實。」〔註49〕所以神壇社群組合的成立、規範與發展，是當前宗教家的問題，也是政府管理上的課題。黃懷遠說：「神明會是宗教團體，其成立的背景一如祭祀公業，都是在前清時期或日據領臺前期。惟其組成則有別於以同宗子孫爲團體構成員，而以祭祀祖先爲目的之祭祀公業，而是民眾組織之團體以崇奉神明爲目的者，其成立背景，有因同姓、同鄉、同行業、兄弟會或祭拜特定神明而行成，故其份子不若祭祀公業係同姓氏之子孫來得單純，相對

〔註44〕柳立言〈宗教與民間信仰〉，《中國社會史》，頁290。

〔註45〕尹今黎等譯《社會中的宗教》（Religion in Society）（1991年1月，四川人民出版社），頁409。

〔註46〕《社會中的宗教》，頁408。

〔註47〕何光滬《宗教與世界叢書》總序，1988年1月。

〔註48〕賴建成《臺灣民間信仰、神壇與佛教發展之省思》，頁118。

〔註49〕李崇信〈現代社會神蹟的法律問題研究〉，頁36，《第二屆信仰與儀式學術研討會》第三場次。

的在認定會分權及會員間權利義務關係則更形複雜。」〔註 50〕家廟，是祖先崇拜，乃至家族觀念及其一系列家族事務的集大成之物化具現。家廟及其周邊的聚居生活、倫常規範與文化習俗，一方面強化族人們觀念中的家族意識，加深族人間的向心力與內聚力；另方面使支離破碎、頹敗沒落的家族不致消亡，猶存牽繫；家廟有其實在性與積極性的社會功能，〔註 51〕家廟的功能約可分爲祭祀祖先〔註 52〕、介裁執法〔註 53〕、合族收宗〔註 54〕、議事聚會〔註 55〕、興辦學堂〔註 56〕、教化揚善〔註 57〕、活動場所等；此外家廟也是老者喪事的置辦地，出葬的起點和葬畢歸來的終點。老人在臨終前，應從家中移到祖厝，過世後，在廳中佈置靈堂，後即移屍入棺，選個吉日舉行告別式。死後每逢七日，請僧侶或道士讀經祭拜，這種超渡亡靈的「做功德」儀式也在祖厝中進行，因此，家廟也是喪葬儀式活動的場所。〔註 58〕陳進傳在〈宜蘭地區家廟宗祠初探〉文中說：「清代和日據時期，宜蘭分家分神主牌的情形還不普遍，家族的公廳就能提供人喪葬儀式的活動。但同宗的宗祠，因成員間缺乏必然血緣關係，淵源也不盡相同，各家族有各自神主牌位，喪事則在自家舉行，致使家廟空間功能相當有限，充其量，只是簡單的祭告而已。」初期臺灣漢人移民社會爲中國大陸傳統社會的延續或延伸，其性質就是原傳統社會移植或重建的過程。但移民社會在經過一段時間後，經由本土化過程走向本土社會，其特徵則表現在移民本身對臺灣本土的認同感，不再一味地以大陸祖籍爲指涉標準，使得意識上，從「唐山人」、「漳州人」等概念轉變爲「臺灣人」、「宜蘭人」。在血緣意識及祖先崇拜的儀式上，不再想「落葉歸根」，或醵資返唐山祭祖、掃墓等。反之，認定臺灣這地方才是自己的根據地，終

〔註 50〕黃懷遠等《神明會實務與法令廣輯》「序」，民國 85 年 12 月大江出版社。

〔註 51〕潘宏立〈港墘的祖厝與宗族〉，載喬健等主編《惠安人研究》（1992 年 2 月，福建教育出版社），頁 141。

〔註 52〕瞿同祖《中國法律與中國社會》（民國 71 年 12 月，臺北里仁書局），頁 7。

〔註 53〕常建華〈試論中國族譜的社會史資料價值〉，《譜牒學研究》第一輯（1989 年 12 月，北京書目文獻出版社），頁 13。

〔註 54〕王思治〈宗族制度淺論〉，《清史論稿》（1987 年 12 月，成都巴蜀書社），頁 28。

〔註 55〕王思治〈宗族制度淺論〉，前引書，頁 28。

〔註 56〕王思治〈宗族制度淺論〉，前引書，頁 29。

〔註 57〕唐君毅《中華人文與當今世界》下冊（民國 69 年 4 月，臺北學生書局），頁 588～593。

〔註 58〕潘宏立，〈港墘的祖厝與宗族〉，《惠安人研究》，頁 139～140。

老於斯，而有「久居他鄉即故鄉」的心態。就家族而言，這種土著社會的具體現象，就是在新移墾地建立新的家廟或祭祀祖織。〔註 59〕簡言之，家廟就是本土化社會的表徵。

目前的臺灣，一般而論，「比較具有地方性的神祇則日漸衰微，而不適合現代社會職業分化需求的行業神也漸沒落。」〔註 60〕「比較普世性的神佛，如釋迦牟尼、關帝、玄天上帝等，有逐漸更中要的趨向，另外，觀音和媽祖這兩種普受民眾崇拜而又較具普世性的神明維持歷久不衰的狀況，其中許多大型媽祖廟向來香火極盛，可能就說明其神格的顯明的普世性，而觀音菩薩在中國民間的普遍而崇高且又親切的形象也由此可見一斑。」〔註 61〕

古來在中國成爲宗派的佛道密淨信仰，對於當時流行的正統宗教來說，都是新興宗教，新興宗教有某些特質使其在社群中能讓人驚覺、悸動且能爲人所容受。在臺灣近年來，新興宗教勃然而興，發展也極爲快速，種類也很多。瞿海源在〈臺灣地區的新興宗教現象〉文中說：「這些新興宗教，大致多具有全區域性與都市性、悸動性、靈驗性、快速傳播性、入世性、復振性，以及信徒的取向。首先，不論是什麼性質的新興宗教，在分布狀況方面基本上都不是地方性的，幾乎是全臺各地都有的，尤其是在各都市地區更是興盛。每個私人神壇從表面上看起來都是地方性的，但是從廣佈各地的現象，及實質上的雷同而論，似乎也不能視各神壇爲獨立的現象。」〔註 62〕這以我實際考察過的壯圍林師父的天君殿、東湖的太子宮以及各地的密宗佛堂來看，靈乩、乩童或靈通者，都不是獨此一家別無分號。

除了成爲神明或某菩薩代言人所需要的條件之外，當中靜坐、冥想或禪修，很是重要。各種不同的靜坐所獲的特殊心理經驗或稱個人的神秘經驗，是不少新興宗教發展的重要基礎。如「禁時祈禱，也使部份機督徒經歷了非凡的狀態；扶鸞與製作鸞書，使得一貫道、慈惠堂和儒家神教的信徒感應強烈；西藏密宗流行的灌頂，也促成信徒的感動涕流。這種悸動的感受，在許多宗教中都會有的，但是在新興宗教裏頭卻特別流行，也特別地重要。悸動性通常也和靈驗性鄉伴而生，但有許多心興宗教特別強調靈驗性，但有時會由於過度強調靈驗性而較缺乏具深度的宗教經驗。例如，各種私人神壇多因

〔註 59〕黃阿熱等編《黃純善公家系譜附家誌》(民國 75 年，宜蘭五結)，頁 47。
〔註 60〕林本炫《宗教與社會變遷》，頁 395。
〔註 61〕林本炫，前引書，頁 394～395。
〔註 62〕林本炫，前引書，頁 396。

靈驗而興，更多的陰神因能幫助人中獎而香火極盛。至於新約教會的神蹟、西藏密宗的神通，也都以靈驗取勝。」〔註 63〕新興宗教的另一特質是，以信徒的崇信爲標的，所以領導人至少須要具有神人性格。瞿海源說：「更重要的是，信徒皈依後多獲得很大的滿足，他們因而更尊敬這些宗教領袖。新興宗教大都入世性很強，以助人增強其對變遷社會的適應爲主。縱或有些宗教有相當濃厚的復古色彩，但是也多以此做爲袪除現代社會的缺失之憑藉。最後，幾乎沒有一種新興宗教是全先新的，絕大部份是復振性的，亦即多以既存的不同宗教或文化理念爲根基，予以創新或重組。」〔註 64〕宗教不論它屬於哪一種層次，它對社群的人來說都有其功能性存在，所以它才能在人間找到立足之地，從而展現其教化之作用，並普遍爲人所崇信。

四、佛教文化與民間信仰

佛教傳入中國，雖然它是外來的宗教，其文化在某些方面與中國固有的思想與流俗頗有相似之處，乃逐漸爲國人所崇信。而佛教文化跟中國習俗融會中最明顯的，當是法會與廟會活動，其次是拜神佛的祭祀活動，再次是僧人的住寺及財產問題、尼眾的社會地位及生活習慣。佛教爲了能在中國大地上生存發展，把不少從印度傳來的一些儀禮跟中國的重大節慶的活動連結在一塊，從而得到民眾的信賴，久而久之民眾就分不清流行人社會的一些活動是佛教從印度傳來的，還是跟中國融會而生成的新變化，但整體言之這是佛教爲適應當地文化所採取的權變，而權變的結果是本土化加深了，轉而變成一種民間習俗與信仰。

有人以爲佛教不信神明，是無神論，悟明長老說：「佛教哪裡不信神明，那天龍八部何在呢？！」臺灣的佛教教團中不少信徒是跟民間信仰糾結在一塊的，所以從星雲、惟覺法師的訓示中，我們不難看出民間信仰對臺灣人的影響力及其功能性，所以惟覺法師除了聲明正信之外，強調崇拜神明的意義及該有的態度，〔註 65〕因爲佛教也強調「有求必應」的菩薩靈感，〔註 66〕來

〔註 63〕林本炫，前引書，頁 396～397。
〔註 64〕林本炫，前引書，頁 397。
〔註 65〕釋惟覺〈生命中之新生命〉，《中台山》第 81 期（民國 94 年 3 月，財團法人中台山基金會），頁 15～16。
〔註 66〕釋聖嚴《皈依三寶的意義》「正信的佛教」(2009 年 6 月，法鼓山文化中心)，頁 20。

引導信眾虔心向佛關於佛教與民間信仰的差別，聖嚴法師說：「民間信仰的宗教行爲，確有其存在的功能和流行的價值；唯其既無教義的依準，也無教團的約束，更無教師的誘導，僅靠靈媒、乩童等的操作，好則可以配合善良風俗，否則也能破壞善良風俗、腐蝕人心。佛教則不然，既有二千六百年前出生於印度的教主釋迦牟尼佛，也有代代相承的教團及教師。釋迦牟尼世尊，是歷史明載的佛寶；佛教教義和教儀是法寶；佛教的教團和教師是僧寶。唯有信仰三寶及皈依三寶，才是正信的佛教徒。」〔註 67〕在中國乃至於臺灣，有的傳統與風俗演變成道教的科儀〔註 68〕或佛教的習俗，如經典與反省演變成念經與拜懺，而佛教的懺法與佛教的倫理是融合了儒、釋、道三家的思想。

在中國古代宗教思想中就有人鬼觀念，因鬼魂有「饑而求食者」，所以就有了祭祀鬼神的禮儀。至於道教的施食科儀方面，陳耀庭說：「一般認爲，道教的施食科儀，即焰口，來自與佛教的施食餓鬼儀式。不過，經過研究，人們可以發現道教的施食科儀的形成有它自己賴以成立的教義思想，並且圖佛教的施餓鬼儀式的發展有許多不同之處。道教科儀中，施食起初只是作爲科儀中的一個節次出現。獨立的道教施食科儀，即道教的單一的施餓鬼科儀的成立，在道教的儀式史上是很晚的事情。」〔註 69〕佛教的開光禮儀，大約在宋初以後就已經廣泛流行了，而道教的開光禮儀方面，有受佛教的影響，也有民間信仰的成份在。陳耀庭說：「道教的開光禮儀，可能受到佛教開光禮儀的影響，原來只是指在道觀內的神像塑製或繪製完成以後，在接受信眾膜拜以前，舉行的使神像獲得神性的禮儀。如今，一些道觀也爲信眾自己購買或繪製的神像舉行開光儀式，以使信眾在家供養的神像或神像畫獲得神性。（中略）民間一些小廟，在塑製神像或者開光時節，有人在神像底座內安放某些生鮮活體小動物，例如魚蛇之類，有還殺雞，用鮮活的雞血滴在開光神像的身上，據稱這像就可以激活神像的神性。這些在道教教義和道教儀範中，都是找不到根據的。」〔註 70〕不論寺院或者是宮觀，其楹聯都富有藝術氣息與教化人心的作用。陳耀庭說：「道教宮觀的楹聯，一般都包含著豐富的到教教義思想，並且採用充滿詩意的精煉語言和優美的中國書法加以表達，所以道觀內的盈聯既是弘揚道教教義、教化民眾的宣

〔註 67〕釋聖嚴，前引書「正信的佛教」，頁 20～21。
〔註 68〕有關道教的禮儀與中國古代禮儀的關係，參見陳耀庭《道教禮儀》，頁 52～54。
〔註 69〕陳耀庭，前引書「第三章道教的主要科儀——施食科儀形成和演變」，頁 116。
〔註 70〕陳耀庭，前引書「第一章道教宮觀的日常禮儀——開光禮儀」，頁 48～49。

傳工具，又是有高度藝術品位的文化設施。人們到道教宮觀參訪，總是把品味殿堂的聯語作爲一項重要內容，它對於認識宮觀，熟悉殿堂乃至於參拜神靈等禮儀活動都有幫助。」〔註71〕又如連橫所說的，臺灣的迎神賽會，輒裝台閣，用中國或臺灣民間故事，謂稱詩意，〔註72〕供人玩樂，有藝術之美，有教化之妙用。〔註73〕佛法不離世間法，學佛不一定要住寺廟、做僧尼、敲木魚，果能於社會珠時時以佛法爲軌範，日進於道德化的生活就是學佛，但人間佛教推行的結果，大德們所看到的現象不是如他們心中所想像的，而說：「佛教的本質是平實切近而適合現實人生的，不可以中國流傳的習俗來誤解佛法的虛無渺茫的，使人類生活合理化、道德化就是佛教。」南亭法師接著說：「習俗，即習慣與風俗。現在只是狹義地說，說由中國人的習俗，演變成佛教的習俗之範圍以內的事。佛教寺廟，只是供給信徒燒香、拜拜；和尚，只是爲信徒中之死亡者念經、拜懺。而信徒們對已死的親人，則大燒其紙錠、冥票、紙房、紙人、紙器皿，不都是迷信者無益的消耗嗎？這就是一般人對佛教的看法，也是誤解和毀謗的來源。（中略）憑良心來說，這些近於迷信的舉動，於佛教有絲毫的關係嗎？然而它們的來源，還是我們中國人篤於親親之誼、事死如事生的人倫大道所由產生。」「念經與拜懺，用以超度已死的親人，也是中國人的習俗之一。不但同學們對於這一問題不瞭解，就是請和尚念經拜懺的人，他們也未見得明白。只是眷屬間的恩愛，希望已死的人得到安樂，這算盡到了了生者的心。」佛教講求三世因果、六道輪迴之說，所以看經、誦經、拜我國古來是以忠孝爲立國之大本，與盂蘭盆會經的宗旨不謀而合的，司我以當盂蘭盆經在六朝時傳來我國，即被國人接受奉行。「盂蘭盆會，是佛弟子每年七月十五日爲祈情父母離苦得樂的一個定期法會。一般人誤解佛法，以爲盂蘭盆會是普度孤魂野鬼的節日，是以有殺生害命、消費驚人大拜拜的惡習。其實眞正佛教徒舉行此會並不鋪張，只不過是香花、水過、素食供佛而矣！（中略）盂蘭盆會的原意，是很純正的。惜乎！法久弊生，如今民間的此會已完全失去本來面目了！」「佛教雖然來自印度，但人乘中釋迦如來對於孝道卻特別注重。尤其是，儒家的孝道是狹義的，佛教之孝則更深刻一層。（中略）父母對於佛教沒有信、沒有行，我們要設方便，令父母信、父母行；父母沒聽過佛教，我們要設法使他們聽，更要引他們恭敬

〔註71〕陳耀庭，前引書「第四章道教的宮觀和壇場——殿堂聯語」，頁180。
〔註72〕連橫《雅堂筆記》卷一「雜記與序跋——詩意」，頁7～9。
〔註73〕佛教與習俗、倫理的關係，參見《南亭和尚全集》，頁89～102。

三寶、皈依三寶。這就是說，我們做兒女的不但要使父母肉體上得到快樂，還要讓他們精神上得到安穩、歸宿。」〔註 74〕儘管佛教的原始法會活動，有其生成的背景與意義，但傳入中國就不得不跟當地的習俗融會並進，因此產生了佛教信仰與民間習俗交融的場面，到臺灣來也是一樣，如盂蘭盆會與中元普度、三齋月與天公生。印度的正月、五月、九月三齋月的持齋觀念，隨著佛教東傳中土，也著實發揮了一些影響力，據《佛祖統紀》記載，中國歷代以來三長齋之法極爲盛行，於此三月國不行刑、不殺畜類，稱爲斷屠月，或稱斷月。〔註 75〕關於佛教的三齋月與拜天公合會之事，余秀敏在〈佛教儀式神聖空間之建構——Ronald L. Grimes 的儀式描繪法在佛教儀式田調上的應用〉「有關大齋天法會時間的描述」文中說：「慈恩精舍自 1998 至 2001 連續四年，都在農曆正月最後一個禮拜前後，舉行爲期七天的大齋天法會，爲何於農曆正月啓見法會呢？根據主法和尚了中長老的說法，佛教源於印度，不免保留印度本地有關時間的習俗（中略）大齋天法會所迎的諸天之一帝釋天，持有一面大寶鏡，每個月以順時鐘方向，輪流照射散佈在須彌山東、南、西、北四方的各大州，觀察該洲眾生的言行舉止。正月、五月、九月，正好是大寶鏡；而另一位大齋天法會所迎之天神，是巡行四洲、察人功過的北方毘沙門天王，也和帝釋天一樣，於正月、五月、九月到人間察訪，因此人們最好在這三的月『食素』、『持齋修善』。（中略）由於三齋月的關係，因此有些寺廟除了正月齋天之外，也有於九月做齋天法會的；而中國本土的天神『玉皇大帝』，傳說是正月初九生日，因此一般民間家宅、道觀爺於此日『拜天公』；印度的三齋月，配合著中國正月初九『拜天公』的節慶，也有不少佛教寺院於正月初九舉行齋天法會，以因應中國本有的民情風俗。」〔註 76〕民間信仰中，禮敬觀音佛祖，就是民眾接受佛教佛菩薩的一種象徵。聖嚴法師說：「觀音信仰宛如與民間信仰十分接近，也很能結合——因爲，民間信仰的特質即是，不管自己是好人或壞人，能不能修行，只要信神、求神，便能獲得幫助、救濟，也便能逢凶化吉。觀音信仰恰恰在這點上與之交疊——

〔註 74〕《南亭和尚全集》「佛教與倫理下」，頁 87～102。

〔註 75〕釋志磐《佛祖統紀》卷 37「梁武帝天監十六年」云：「敕太醫不得以生類爲藥，郊廟牲牷皆代以麵，宗廟薦羞始用蔬果。」。前引書卷 39「隋文帝開皇三年」云：「詔天下，正、五、九並六齋日，不得殺生。」前引書卷 39「唐武德二年」云：「詔依佛制，至、五、九及十齋日，不得行刑、屠、釣，永爲國式。」

〔註 76〕余秀敏〈佛教儀式神聖空間之建構——Ronald L. Grimes 的儀式描繪法在佛教儀式田調上的應用〉，《玄奘佛學研究》第 1 期（民國 93 年 7 月，玄奘大學），頁 77～78。

意思是，只要持念觀音，即可得到觀世音菩薩的慈悲救拔，解決諸般問題。以致，即若是一般的民間信仰者，也願意接受觀世音菩薩。只要信，即能得救，這與西方的基督教，以及其他的宗教皆是相通的。因爲容易，也因而廣泛信仰，人人皆能接受，也皆能進入。」〔註 77〕

拜菩薩是佛教徒一種普遍的信仰，民間信仰把菩薩看爲神，相信拜牠、求牠一定能獲得「百病消除，財富茂盛，六畜興旺，合家平安」。然而現在臺灣民間所信奉的觀音與佛教經所說的觀音，其本質完全不同。今日民間所供奉的觀音就是妙莊王的三公主妙善，其實他是元朝時代的佛教和尚所創造出來的小說人物。「觀音得道」這本佛教文學作品，就是元代的和尚爲宏揚佛教而寫成的。中國人對女性神祇似乎特別偏愛，也就是這種心理的作祟，觀音纔會像媽祖一樣，被民間普遍地供奉著通常觀音在臺灣民間的心目中是位救苦救難大慈大悲的菩薩，因此香火獨盛，大人小孩都尊稱其爲、「觀音佛祖」或者是「觀音媽」。〔註 78〕佛教是用緣起觀來解釋宇宙萬物的生成，主張萬物都是由緣和合而成的，所以很顯然地是無神論；然而今日佛教裏卻有許多的神，這是因爲佛教傳入中國時，利用中國人的多神多鬼的信仰，向民眾鼓吹觀音菩薩的信仰。〔註 79〕或說：「宗教信仰最主要的功能，就是提供人們心靈的慰藉和依靠，世間一切不能解釋的事情，宗教都有一套說法；人爲何而來，又將要往那兒去，在相信及崇拜觀音的同時，都能一併獲得解決。古代以農立國，而對於具有廣大人口和土地的中國人來說，年年的風調雨順，即代表著來年生活的不虞困乏，以及安居樂業。在許多中國民間故事中多記載，當久旱不雨時，人們經常會祈求觀世音帶來風調雨順，解除旱象。歷來朝代更迭所帶來的動盪不安，常使人們面臨極大的不確定感，而在歷史和民間故事的記載中，觀世音常能解求人們於冤獄，以及戰爭的危險之中，幫助人們渡過某些危難，而這也正是廣大世俗百姓，信仰觀士音的眞正目的。一般民間婦女爲表達心中對觀世音信仰的虔誠，從二月一日起吃齋，一直到二月十九日這天爲止，稱爲「觀音素」。此外，農曆六月十九日爲觀音得道日，因此也有信徒從六月初一至六月十九日也吃素如儀觀音法會：在觀音誕辰這一天，各地奉祀觀音的寺廟，都要搭設「觀音壇」，由和尚或尼姑主持誦經祈福法會，

〔註 77〕參見釋聖嚴《法鼓家風》，2005 年 2 月 1 日法鼓文化出版社。
〔註 78〕http://m2.ssps.tpc.edu.tw/~s890637/5-5.htm。
〔註 79〕「廟會精靈」部落格〈觀音佛祖簡介及廟宇目錄〉，2009 年 11 月 21 日。

而一般民間的寺廟也有一些慶祝活動。觀音法會與其它慶典較不一樣的是，祭祀的場面及氣氛較為溫和及莊嚴。此外，信徒們也會準備壽麵、壽桃、水果、素食等，前往寺廟祭拜，參加誦經法會。」〔註 80〕李世偉在〈臺灣觀音感應故事及其宗教意涵〉文中說：「瀏覽過這許多的感應故事，我們看到觀世音菩薩似乎無所不在，也無所不能地展現其願力與法力，一一滿足信徒之所求，而信眾所祈願的內容也多半與切身之利害相關，求救各種天災人禍、求治各式各樣的疾病、求子、求尋回失物、求遮雨、甚至求中愛國獎券等。若是如此，便與一般求神問事的民間信仰無別了。」〔註 81〕為避免這種片面認知的衍生問題，有心之士便不斷地在做提醒，例如星雲法師在為林慈超的《觀世音菩薩靈感記》序文中特別點出：「一般人信仰菩薩，大都是在急難時希望得到菩薩的救護，或祈求家庭子女或自身的平安吉祥，很少有人明白信仰觀世音菩薩的意義，乃是進一步的由自身去奉行菩薩大悲救苦救難的精神。」

「至於所謂民間信仰，指的是一種地方性的信仰，並沒有成為國際性的宗教。民間信仰是一種傳說，既沒有歷史根據，也沒有教理、思想，只是對於英雄人物的崇拜，對於俠義人士的尊重，對於大自然的敬畏，都成為民間的信仰。民間信仰所崇奉的神明很多，從古以來，民間的信仰一直是神佛不分，甚至充滿道教的色彩，所以一般人總把民間信仰歸於道教，這也是佛道不分的主要原因之一。」〔註 82〕宗教信仰，本來是屬於個人的事，但奇怪的是有人的地方就是會比較，比如說：「佛教也有出現少數比較爭議性的人，成天只會鬥爭別的組織，用高傲的偏見歧視道教與民間信仰。」又見人強調「宗教的好壞在人為因素」，如說：「民間信仰要不要以、靈不靈、功不功利為主的信仰，重點在人為因素；如行天宮已經不鼓勵燒金紙、不鼓勵請歌仔戲還願之類；存了信仰拜關公外，也會鼓勵學習關公神明善的精神，也真的做了許多善事。埔里也有一位陳綢老太太，雖然也是開廟，但這間廟不以功利為主，以教化人心以幫助邊緣少年為主。」佛、道教教團本來就是各信各的教、各辦各的事，教中之人遊到他宗去到底該是誰家的事呢？所以有人說：「但是很多剃光頭穿袈裟的人，也在做這些事情，讓人匪夷所思。佛教講求的，只有學習世尊與經書來修行，現在很多臺灣人卻拿著線香拜媽祖、拜觀世音、

〔註 80〕「臺北縣土城市福安宮」部落格〈福安宮——觀音佛祖〉，2008 年 5 月 3 日。
〔註 81〕「珠寶盒」部落格，2009 年 1 月 6 日。
〔註 82〕http://tw.myblog.yahoo.com/jw!MnIihWOVQE4C2hV2uVYPQAs-/article?mid=94。

拜東拜西，也拜釋迦牟尼跟跟達摩，又拜彌勒佛。那是某些剃光頭穿袈裟的人自己要做的事，關道教與民間信仰什麼事?而道教與民間信仰部份組織也有拜佛，有部份是因爲尊重佛，就算有道教、民間信仰組織靠宗教賺錢，也多半是靠道教與民間信仰神明，民眾求功利多半不太會針對佛本身。」那民眾不反對的有哪些？有云：「要區隔也不是壞事，這樣對佛道與民間信仰都好但就像意見區有人講的，總比排斥到對立好吧?!假設有某些不肖人士假藉佛來搞起，或假藉佛在說靈不靈，這當然可以大力去批評，我也會反對這類不肖人士。但假設某些人只是單純的以尊重心去參拜佛，而把佛放在廟的後面寶殿，而要求信眾拜佛時不參雜任何功利色彩，而是以尊重佛的心，我認爲是無可厚非吧！當然啦，我不是正信佛教的人講這些話可能也沒資格啦！在臺灣社會，正信佛教和道教民間信仰某些觀念雖然是牴觸與兩極化的，但矛盾的是社會上很多正信佛教信徒和道教民間信仰信徒都是常處在一起，都互相尊重，所以臺灣各教都能和平相處，撇開宗教觀點來講，這不一定是壞事。」民間信仰自己本身的信仰中心本來就沒有立足點，可爲靈驗就拜，而正信佛教缺失當然是各教中較少的，但每個人都有適合自己信的宗教，要用什方法信也是個人主觀意識，信什麼教是好是壞也是願打願挨問題，所以重點是各教互相尊重才是原則，但互相尊重不代表不能針對缺點去批評。〔註 83〕

在臺灣儒家通常不被人視爲是一種宗教，嚴格來說臺灣人的信仰基本上不是信佛教就是信道教，但其間卻存在著民間信仰。在〈宗教的類別與民間信仰〉一文中說：「嚴格來說，民間信仰就是一種民間宗教。就臺灣民間信仰的族群而言，它係屬於臺灣社會基層人口的泉州系、漳州系與客家系的傳統宗教。以文化性而論,它是臺灣社會主要的文化現象，更是臺灣人賴以安身立命的文化宗教。臺灣社會雖然是各種宗教薈集之所在,然而還是以閩粵族群的儒教、道教、佛教,及揉和上列三教的民間信仰等這些傳統宗教最爲凸顯。其中儘管儒、道、佛三教均具社會影響力，然而能深入民間基層人口又影響他們的風俗習慣及人生觀，價値觀者，依舊是民間信仰。」〔註 84〕佛道不分之下，很多人不自覺信的是甚麼宗教，直到要塡履歷表時，很多人會沉思一下。賴建成師說：「從小，我們家鄉基本是崇拜民間信仰，母親與嬸嬸們逢年過節，總會舉家到廟裡如太

〔註 83〕Awe〈評論學佛修行跟道教民間信仰是否應該劃清界線?〉，2009 年 1 月 4 日「奇摩知識」。

〔註 84〕http://content.edu.tw/local/changhwa/dachu/taiwan/s/s3/s32.html。

陽公廟、佛祖廟、國姓廟，或天公廟去拜拜，其他一切隨俗；家鄉很少有出家人，連佛祖廟都是在家的尼姑在住持。後來有一天，我家神明桌上多了一尊釋迦牟尼座像，從小擦神明桌都是我在負責，供神明的事則由家母負責，從小到進入大學就讀除了練功學靜坐之外，知道佛、道的氣功與靜坐之外，對於佛教的知識幾乎等於零。但讀大學時，會唸觀音靈感眞言，是很神奇的咒語！出了社會，塡履歷表讓我沉思了很久，我該塡佛教還是道教，最後我選擇空白，就是說我決定不了。到了碩士以後，親近了明復法師之後，我閱讀宗教的書籍越來越多，能區分佛教、道家、道教、仙道與民間道教的差別，幾十年的誦經、持咒、禪修與研究，我終於可以說我是佛教徒；但我卻會許多東西，在別人眼中我或許不是那麼純粹，但佛教界還是認爲我是正信的佛子，而我的家族，大抵還是民間信仰者；就我所知親近明復法師的青年學子來說，大抵多出自民間信仰的家庭，有的還是一貫道教徒，至少有 5 位以上，跟我這種原本無宗教信仰的人很不一樣，所以我信佛教沒有包袱。」以東湖廖先生的家爲例，爺爺、奶奶是民間信仰者，父母親是慈濟功德會的成員，哥哥與其未婚妻則親近尼眾，此家中是否眞有佛教徒還要觀察，不能因爲接觸僧尼或者是慈濟功德會的人就是佛教徒。以大甲媽祖繞境爲例，慈濟功德會的人都在幫忙掃街，〔註 85〕此中或許有的人是民間信仰與慈濟功德會兼信者。顏瓊玉在〈進香文化共築心靈之所——一步一腳印遶境心意堅〉文中說：「這是他們第七年參與遶境進香，而且年年走完全程。八天七夜的路程不累嗎？走了三天抵達新港、正在吃齋飯的劉太太笑說：『我們不求大富大貴，只求闔家平安。歡喜做、甘願受，就這樣而已。』雖然臉上有倦容，但她嘴角仍掛著笑意說：『走得很舒服，心裡頭快樂。』」〔註 86〕把唸佛者的名言，用在慈濟功德會上，也說對此民間信仰的虔敬的心是歡欣樂受的，這就是臺灣民眾信仰的情形，我們用不著大驚小怪。

佛教中人，說儒家中人吸收佛教的明心見性以格物致知，揚已家之學不信三世因果與六道輪迴，殊不知儒家絕虛玄、敬鬼神而遠之，重視的是世間的人倫之道與治國之仁術，王天下於今是不可能的，但儒者依然有其風骨在，所以在知識份子的心中有其份量在。佛教不僅融攝儒家的道德之教，也欲提

〔註 85〕釋證嚴講〈慈濟邁入 50 年輪——加強八印齊步邁向全球〉，《慈濟》第 486 期（2007 年 5 月，臺北慈濟人文志業中心），頁 9。

〔註 86〕顏瓊玉〈進香文化共築心靈之所——一步一腳印遶境心意堅〉，《中華文化》第 10 期（2005 年 5 月 10 日，中華民國國際工商文經交流協會），頁 68。

昇民間信仰的層次，其因是佛教中人批判乩鬼與民間信仰雖力，但國人依然尊重習俗與善用神道以利生活，聖嚴法師乃改變說法，其云：「中國人塡寫履等各種表格時，對宗教一欄，多半會塡佛教二字；換句話說，多數的中國人自認爲是佛教徒，除了曾經受過洗、或已參加過入教儀式的天主、基督徒及伊斯蘭教等各大小新舊教派的信徒，確知他們自己不是佛教徒外，其餘多多少少，不論由於自己或親屬等的關係，都和佛教的信仰有點淵源。這即是說，只要不否定佛教，不反對佛教的人，就算是佛教徒。所以在中國民間而言，佛教徒的涵養很廣，這就是說明中國人信仰宗教一向是開放、涵養、多元性的。例如對水、火、風、雨等的自然神崇拜；對儒家所謂愼終追遠式的祖神崇拜；對歷史偉人、名將、烈士、貞女的崇拜；對特定的石頭、樹木等的靈物崇拜；對歷史演義及神話小說中人物及神仙崇拜；以及對各種神秘現象的鬼神崇拜等，登能互融共存。雖然孔子不語怪力亂神，但民間大眾對於這些神道的崇拜和信仰，則由來已久。這些民間所需，縱然受到唯物論者及一神信仰者的反對，還是普遍地流行，這些並不是正統的佛教。」〔註 87〕但星雲法師認爲，也不能把這些有民間信仰傾向而又尊崇佛法者，說成不是佛教徒，因爲把正信佛教徒跟崇佛的民間信仰者區隔開來，是一種社會性的判教行爲，而不是門風教化上內的判教使生正信；如是某教行使社會性的判教行爲，反而會使某些人對此教團產生厭惡感，從而對弘法上是不利的，因爲接引來學的心已經不善巧了。

五、臺灣寺廟文化

臺灣的寺廟的文化，也很多元性，不論是佛道寺廟與神壇鸞堂或者是新興宗教道場，除了社群活動與宗教信仰的活動之外，還有民俗廟會活動。〔註 88〕臺灣的廟會受到時代的背景以及社會變遷的影響與薰習，發展而成如今深具傳統與地方特色的庶民文化活動，舉凡神佛誕辰、歲時節慶、建廟清醮，都有其著名且具特色又熱鬧非常的社群活動，吸引許多社群之外的人遠來觀瞻。吳遐功在〈臺灣的民間信仰〉文中說：「臺灣民俗廟會，豐富多樣的內涵，除了具歷

〔註 87〕釋聖嚴《皈依三寶的意義》「你是佛教徒嗎？」（2009 年 6 月，法鼓山文化中心），頁 4～5。

〔註 88〕關於臺灣的廟會活動，參見劉燕儷等主編《臺灣歷史與文化》，頁 189～190「表 4-4 全臺著名民俗廟會」。

史知識、傳統文化、民間藝術與大眾娛樂之功能外，更扮演著社會教化、心靈慰藉、凝聚鄉土意識功能的角色。整體而言，不論從內在蘊涵與外在呈現可可說是臺灣鄉土的一幅縮影。」〔註89〕

民間信仰，它保留了人類原始社會傳承而來的原生性宗教，〔註90〕原生性宗教是早期人類原始思維下的精神構架，主要是從泛靈的認知觀念，發展成對靈的崇拜心理，〔註91〕以及跟神明的溝通交感。〔註92〕在封建時代，廟宇是一種具有權力與武力的村落自治機關，在都市裏是商人行會的自治機關。〔註93〕而廟宇從古以來就常透過節慶、廟會等藝術娛樂活動，宣揚輪迴、因果業報與忠孝節義的故事，勸化人民布施行善。而官宦士夫之干涉宗教，亦基於廟宇的龐大財力以及它對社會的影響力，故官宦士夫亦多以參與宗教事務爲要務與榮耀，以達成政府保境安民的政策，並藉此拓展家族或自我的社會地位。

民國以來僧侶因爲入普通學校的阻隔，而自辦教育，但受寺院經濟不足的影響，大都難以去辦理所謂的慈善事業。〔註94〕光復之初以及大陸僧人來臺之初期，寺廟生活都成問題，談不上辦理慈善事業，僅能先是佈道，以寺廟爲基點跟民眾宣講佛法的重要性。臺灣的寺廟，則因爲高僧的弘化，以及大族的布施，加上信徒的自動捐獻，逐漸擁有龐大的產業與信徒，除例行法事之外，亦從事社會上種種的福利活動，獲得政府之褒獎。〔註95〕但土地與寺產卻成問題，林本炫說：「至於寺廟財產之管理部份，我們必須承認，在臺灣特有的民間宗教信仰形態下，想要以任何手段防止寺廟財產管理之流弊，的確有其困難。」〔註96〕臺灣的僧人因爲有大陸的經驗，很重視自建道場，所以廟宇變成大族發心的布施、民眾的樂善好施，慢慢蓋起來的。在佛教子孫廟的傳統上來看，如南亭法師在〈漫談佛教（一）〉所說的：「寺廟本身的所謂當家、住持，都誤認爲一寺一庵是私有。」〔註97〕因爲覺得是自創的，

〔註89〕劉燕儷等主編《臺灣歷史與文化》，頁181。
〔註90〕金澤《宗教人類學導論》（2001，北京宗教文化出版社），頁102。
〔註91〕苗啓明《原始思維》（1993年，上海人民出版社），頁43。
〔註92〕朱存明《靈感思維與原始文化》（1995年，上海學林出版社），頁10。
〔註93〕姜義鎮《臺灣的民間信仰》序。
〔註94〕釋南亭〈漫談佛教（一）〉，《南亭和尚全集》，頁315～317。光
〔註95〕邢福泉《臺灣的佛教與佛寺》，頁17。
〔註96〕林本炫《臺灣的政教衝突》，頁162。
〔註97〕《南亭和尚全集》，頁314。

能集中信徒與僧尼，教團領導人由是產生，人間佛教也跟著發展。

臺灣佛教對社會及群眾的文化活動，早期是蠻靜態的，如採用出版與廣播、展覽與座談方式；〔註 98〕後來隨著佛教大學的成立，以及配合政府的博物館設立與心靈環保的運動，逐漸主動走入社會各種層面去弘化，如辦學術研討會、宗教對話以及社會關懷等；近年來，隨著國際化與本土化、全球化與現代性的聲浪，更是主動推展各種文藝活動，將宗教文化從華人世界推進世界各角落去，而不只是前進大陸。其他宗教教團的活動，在臺灣也是很積極的，自從大陸開放以來，同樣拓展出不少生機出來。〔註 99〕

（一）信仰民俗化

至於臺灣的民間信仰與習俗，無疑地它們仍保持著先民古老文化的一些特質。金虹村說：「習俗是人類部份生活方式墨守成規的表現，從這裡可以看出生活演進的痕跡。習俗的形成，有時間因素，也有理論基礎，但也有濃厚的迷信色彩。不過迷信，不管在過去或現在，仍是一種有力的信仰，在人類生活上佔有重要的一環。」〔註 100〕其所說的迷信，大抵是指禁忌〔註 101〕與拜拜了，遵守古禮的中國人的一生，從出生〔註 102〕到死亡〔註 103〕大有習俗、禁忌在，而且包含著儒釋道思想的行法；因爲中國人乃至於臺灣人，古來就相信有靈魂在，還有人神可以溝通互傳訊息，「人與物只是靈魂的工具，眞正的生命主宰是靈魂。」〔註 104〕陳來生說：「世代相傳的禁忌文化，已在人們生產

〔註 98〕邢福泉，前引書，頁 20～23。

〔註 99〕關於其他宗教在國內以及前進大陸的狀況，參見趙天恩〈從基督教的發展與現況看兩岸宗教政策〉、查時傑〈大陸基督教會近十二年來的發展〉、蔡仁厚〈從兩岸之儒學研究說到中國文化之未來〉、李豐楙〈當前大陸道教的發展及其情況〉、張檉〈兩岸道教文化交流的回顧與前瞻〉、張珣〈媽祖信仰在兩岸宗教交流中表現的特色〉。（收錄於《兩岸宗教現況與展望》）

〔註 100〕金虹村《談文說古》第二十三講〈習俗探源〉（民國 83 年 1 月，世貿彩社印刷企業），頁 129。

〔註 101〕關於民間的禁忌文化，包括歲時、人生、飲時起居、社會、生產、動物等，一個人從出生到死亡都有禁忌文化要遵守，參見陳來生《無形的鎖鍊——神秘的中國禁忌文化》。（1993 年 9 月，上海上聯書店）

〔註 102〕參見金文男《民俗文化趣談——壽誕》，2004 年 5 月香港萬里書店。

〔註 103〕王世禎《敬神如神在》，頁 4 云：「依古人的觀念，人死後便到陰間，其生活與陽間無異，所以亡靈也要飲食、金錢，由人們在祭祀儀式中奉獻，否則因爲得不到祭祀而淪爲惡鬼，因而在祭祀中有紙紮的陽間各種生活用品及供品。」（佛光企業）

〔註 104〕王世禎《敬神如神在》，頁 4。

生活中潛移默化爲一種深層結構的習慣勢力。既然我們都生活在禁忌的習俗圈裡，那麼，我們還有什麼理由不好好觀察、研究一下中國禁忌文化，盡可能地擺脫那些無形的鎖鏈，活得更瀟灑一些呢？！」〔註 105〕

拜拜，是本省人最流行的口頭禪，俗話說：「有拜，有保佑。」但拜拜常與人的心性與習慣性有關，在臺灣有的婦人到處拜拜，像迷了心智或走火入魔一般，在他們眼中花錢與時間都算是小事了。民間在供奉神明上，合祀的現象多見，通常是儒、釋、道不分合祀著，因爲多拜或者可以多得護祐。〔註 106〕因受多福、多壽、多男子的古風影響，臺灣一般家庭廳堂中間，所奉的神像，通常中央是觀音，兩邊則是灶君與土地公。另外，先民來臺可能一時請不到大陸本派主神，爲了應急求保祐，只好請別派神祈或石頭公、大樹公諸神來祀拜。〔註 107〕還有爲廣招信徒，皈依即了事，所以產生了齋教信仰的現象，這影響宗教界極爲深遠，齋堂出家眾經營俗務，抱小孩、作生意，甚至廟裏道士不唸道藏而念佛經，和尚不住寺而住廟。〔註 108〕在臺灣另外產生一種辦佛道事的異化，形似出家眾，但卻住家中，專業以趕經懺爲業者；甚至有一家人全部出家，說是在作所謂的慈善事業，佛教徒通常稱之爲外道，但也卻包容他們；這依然還是臺灣特有的一些現象，一些人只辦佛事而不是在勤修佛法。

許多在大陸早已衰微的神明，如三官大帝，在臺灣奉祀很盛，又神農大帝、玉皇大帝等神，在大陸未獲普遍祭祀，在臺灣卻都一直受到供奉。〔註 109〕在臺灣越是地方性的神明，對民間的影響力越大如天上聖母、王爺、有應公、義民廟，這也是臺灣民間信仰最顯著的特質之一。〔註 110〕通俗的佛教神明如釋迦佛祖、觀音佛祖、地藏王等，越是與道教融合的，其對民間的影響力也越大。在臺灣的學子，你問他信何教？除了天主教、基督教等除外，其他很難回答，純佛教徒極少，有些人或許會說：「信道教吧！但家中供奉著佛祖與觀音。」殊不知臺灣人連佛祖與觀音信仰，也世俗化了。〔註 111〕在民間信仰

〔註 105〕陳來生《無形的鎖鍊——神秘的中國禁忌文化》，頁 10。
〔註 106〕樂晴〈人們心事憑何寄、燃香進入神世界〉，《中央月刊》83 年 7 月，頁 99～104。
〔註 107〕杜而未《儒佛道信仰研究》「附錄——拜拜種種」，頁 167。
〔註 108〕前引書，頁 168。
〔註 109〕樂晴〈有請三官大帝敢問何時地震〉，《中央月刊》84 年 6 月，頁 76～79。
〔註 110〕姜義鎮《臺灣的民間信仰》序。
〔註 111〕賴建成《臺灣民間信仰、神壇與佛教發展之省思》，頁 120。

裏頭，說的佛祖，其實是指觀音佛祖，而不是釋迦牟尼。臺灣的百姓，在家裡拜觀音佛祖，也崇奉土地公，尤其是作生意者的家或公司有的會供奉土地公或地母等。在因爲受佛教知識傳播的影響，你對現代人說佛祖，他們通常會認爲是在說釋迦佛；在臺灣現代的社會裡頭，存在對佛道歧異性的認知，其實是不少的，這是臺灣的社會長期缺乏宗教教育使然。

（二）寺廟觀光化

觀光是一種休閒活動，同時觀光本來就可以是在欣賞不同景觀，以及觀察或體驗不同的生活文化。在臺灣有許多根深柢固的文化，如融合於生活中的民俗節慶與宗教文化，它們可以發展成爲特有的觀光型態；以道教爲例，一般而言，臺灣民眾以信奉道教居多，在生活中，時常看見初一、十五，民眾在自家門前擺桌拜拜以供奉神明，這樣的文化是臺灣的民俗，同時也是宗教—道教的不成文習俗（規範）、與節慶的結合。〔註 112〕以佛光山平安燈法會爲例，從民國 69 年起每逢農曆村節舉辦。「在這個資訊爆炸、社會狀態瞬息萬變的時代，佛光山春節平安燈法會在設計上，也年年力求突破。花燈設計，從靜態到動態，從佛教故事到民間宗教，從東方佛像到西方天使造型，皆是突破傳統的表達方式；花燈主題不再局限於佛教，這是爲了迎合當代人的需求，希望透過這樣的創新設計，能夠讓更多大眾有機會到山上來，在觀賞花燈之餘，也能順道參觀本山各項的展覽設計，甚至到各殿堂禮拜諸佛菩薩，感受人間淨土的寧靜、祥和。」〔註 113〕

以前人們到寺廟，大抵是爲了拜拜，當然有些人是爲了宗教信仰的目的而去廟裡頭辦事、修行。還有的人，是爲了制煞或者感覺到是中邪了，而去寺廟走走，特別是靈聖的大廟，特別能聚合人氣；有的人事業、情感的途路不順遂，或留在廟宇內當一段時期的義工，消障使身心獲得安頓。當然不乏一些人，是爲了心靈的安頓與身心的清淨，而到正統宗教的場所裡去追求靈性的祥和，寺廟成了她們在社會上打拼、工作與思索人生進路的動力之一。

但近年來，寺廟的管理也跟著觀光產業的時尚在跟進。觀光產業目前是全球最富商機的產業之一，一個地方的觀光事業的蓬勃發展，其他產業也會受益。在海峽兩岸交流日漸頻繁的歲月裡，臺灣人體會到臺灣可以把獨特的

〔註 112〕蘇宜湘、懲子菱〈節慶民俗及宗教觀光之資源規畫與遊客行爲研究〉，《普門學報》第 30 期（2009 年 11 月，佛光山文教基金會），頁 150。
〔註 113〕蘇宜湘等，前引書，頁 175。

餐飲文化、寺廟文化以及旅遊景點結合在一塊，她們的密切結合在一塊，可以說是對促進經濟發展利多的一種展現。談到寺廟觀光，傳統的宗教把廟宇當作神聖的場合，所以說拿寺願的場所當作發展觀光的景點，它們是比較猶豫的；但在民間信仰的廟宇來說，進香團、跑靈山、觀勝境，常是人們的例行性宗教活動，也是一種休閒兼具娛樂的性質，他們早就習於爲常了。近年來，一些較保守的佛教寺院，也在思索或規畫宗教旅遊、宗教觀光的進路。

臺灣早在十多年前，爲了配合政府的國際化與本土化腳步，寺廟已被規畫、發展成爲社區的獨特文化之一，宗教民俗化、宗教觀光化的設計，配合著鄉土文化季節活動的實施，而逐漸活絡開來。前省文獻會主任委員林衡道教授認爲，從廟宇文化開創文化奇蹟的構想，不但有學術上的根據，而且符合臺灣社會實情，作法具體可行。〔註 114〕座談的學者認爲，臺彎若能以廟宇文化爲起點，使鄉土文化與現代藝術並重，拓展爲社區文化，進而推向國家文化，必能開創文化奇蹟。李亦園院士表示，要推動文化建設，必須著眼於廣大的鄉村文化，而不單只注意到都市人口，把現代藝術創作引進廟宇活動，可將廟宇文化由通俗走向精緻。〔註 115〕蔡麗卿說：「綜觀當前臺灣各地區寺廟的活動，大多熱鬧有餘、內涵不足，純粹只是一種表面性的活動，並無移風易俗的效能。其主要原因，在於各寺廟神職人員的認知問題，政府應主動辦理寺廟負責人的研習會，來灌輸其對文化的認知，並指導如何辦理優良廟宇文化的活動。」〔註 116〕其亦主張政府文化單位，當負起督導之責，建議各寺廟自行編印簡介，廣泛告知眾信徒有關該寺廟的始末。其也建議，各寺廟應設置宗教文物館，展示該寺廟的宗教文物及該地區民間文物；並認養優良的民間藝術團體，定期赴全省各地公演，以確保薪傳工作，且藉此推廣文化活動。而陳錦煌表示，廟宇文化，反映社會現象，廟宇文化要開創文化奇蹟，首先要由民間主動做起，所以其成立新港文化基金會，贊助廟宇活動，希望能創新、改造廟宇文化。〔註 117〕蔡相輝教授則強調，廟制與法人層面的修訂，使參與廟宇事務者的素質提高，讓鄉土文化與廟宇文化能有更良好的融合。〔註 118〕

在有心人士的大力推動下，重視本土文化的鄉野考察，成了一種時尚。

〔註 114〕徐明珠〈從廟宇文化開創文化奇蹟〉，《中央月刊》83 年 2 月，頁 7。
〔註 115〕徐明珠，前引文，頁 10。
〔註 116〕徐明珠，前引文，頁 11。
〔註 117〕徐明珠，前引文，頁 12。
〔註 118〕徐明珠，前引文，頁 13。

以往民間信仰的書，羅列了不少宮廟與神明，但其內容明顯地不足；大的宮廟為了宣傳，會出版一些沿革與活動的文宣品，眞正仔細記錄的史實還待文史工作者去費心。90 年代起，隨著本土意識的抬頭，佛教界也逐漸重視本土佛教史的研究，佛寺考察的重要性則是勢在必行的，因為它受重視的程度在臺灣明顯落後其他領域很多了。而佛寺及其文化的重要性，也是由於臺灣佛教史的研究備受重視，而獨立成為一個特殊的研究領域與題采，但關涉的層面太廣泛，還要很多有心人士投注。臺灣古蹟的巡禮，以前大有人在作，推廣到社團的學生活動之中；而古寺溯源之旅，這十多年來也漸受重視。〔註 119〕這些本來是文建會以及地方政府要推行的業務，如今也獲得出版業界以及社會人士的重視，其不完全是為了歷史，部份是在於經濟與文化、活動與休閒，宗教信仰的成份那就看個人了。

當前寺廟的巡禮的研究，以闞正宗籌劃的臺灣寺廟巡禮成果最佳，朱紀忠在〈觀照你我心中的寺院〉文中說：「據我所知，目前還沒有第二部著作像《臺灣佛寺導遊》一樣，那麼完整地呈現今日臺灣佛寺的風貌；尤有進者，導遊服務還提供各道場的沿革介紹，使讀者了解今昔之比，並且能夠鑑往知來。（中略）其實，《臺灣佛寺導遊》系列不僅具有學術研究價值，更是深富娛樂性。近年來物質文明提昇，人心卻普遍限溺，亟需靈性層面的滋潤、喚醒。闞居士所提供的導遊服務，鄭可讓忙碌的現代人按圖索驥一番，利用修閑假日參訪名山古剎，與家人共沐晨鐘暮鼓的靈光裡。」〔註 120〕有關寺廟巡禮，在中國部份以往日本人做得最多，以前明復法師在辦《獅子吼》刊物時就很重視這個領域，其本想以後在《佛教藝術》刊物上發揮，惜其辦的刊物不久之後都停刊了；當前國人不論到大陸或臺灣各地旅遊，有的人會把名山寺院以遊紀或古蹟巡禮的方式記錄下來，常見的是圖文並茂，還有歷史的初淺論述；關於一座寺廟與文化之間的關係，就不是那麼容易窺見，這要長期的訪察與記錄，才能顯現其概況來。臺灣的廟宇與政治、經濟和社會的大變動趨勢分不開的，因此如何報導臺灣宗教資訊時，也適當地反映出這些新事物或新風貌來，更顯得相當重要。關於佛寺的巡禮，張燦騰在〈臺灣佛寺雲嘉篇序〉文中說：「社會大眾有感受到這樣的佛教變化是一回事，有能力並且願意把上述的感受化為文字和圖片的資訊報導

〔註 119〕陳卓君〈讓我們一起關懷臺灣佛教歷史〉，闞正宗《臺灣佛寺導遊（八）》（民國 85 年 6 月，臺北市菩提長青出版社），頁 10。

〔註 120〕闞正宗《臺灣佛寺導遊（九）》（民國 86 年 5 月，臺北市菩提長青出版社），頁 3。

出來，又是另一回事。這需要花費無數心血和對臺灣佛寺有深刻認知的人，才能勝任這一工作。」〔註 121〕目前研究廟宇建築及其文化，也逐漸成爲一門顯學，廟宇巡禮的內涵隨著專家們與廟宇中人的認知，逐漸在擴大之中，成了廟宇招攬信眾與對外宣傳的一種利器。

當前在臺灣除了以前重視古蹟文化之外，又配合「服務學習」教育理念的推動之下，廟宇文化從社區文化、社群文化，踏上了本土化、國際化的途路，宗教的理念與眼界拓開了。宗教團體也在積極發展觀光，一方面本土文化的傳承得以延續與發展，另方面展現人民的活力，使作更好的發揮，並進而促進國際間文化的交流。許恩婷在〈媽祖超級行銷員——結合信仰與地方文化〉文中說：「一年一度的媽祖國際觀光文化節，在地方政府和民間團體的合作下，吸引了大批的人潮。爲吸引國外觀光客，增進國際知名度等目標，主辦單位也做足宣傳，並廣邀國內外表演團體參與演出。今年（民國 94 年）文化節的重點表演節目『全球華人武術武林大會』，就邀請了大陸、琉球、韓國等地，優秀的武術團體來臺表演。」〔註 122〕

「全民心中有宗教」，還要努力的當兒，政府近年來推出「全民心中有觀光」，使臺灣的觀光產業更上層樓，面臨到要重視創新與創意的文化產業途路去了，使得傳統的文化與本土性的東西，也獲得規劃者、經營者的注意。光是臺灣的原住民，就特色十足，在臺灣除了漢民族之外，十幾個先住民族群的文化，還要重新認定與創發。臺灣地方上的節慶，也讓人覺得有趣，像是廟會的陣頭、燈會、搶孤、燒王船、放蜂炮等。

（三）節俗與禮俗的變革

在古代歲時節俗的目的，皆是爲了適應時序，在上位者提醒人們對於不同的節氣作安排，以利生活。而歲時節俗，是久而久之約定俗成的活動，在臺灣亦然，非中國所獨有。姜義鎮說：「臺灣的民間信仰，是從廣東、福建等中國南方各省移植過來的。因而它的形式和內容也就和這幾省大同小異。可是，以其自然環境和歷史背景，也孕育而成地方的特質。」〔註 123〕所以說臺灣的民間信仰或歲時節俗，無疑地仍保著中國文化很古老的成份，從古老成

〔註 121〕張燦騰在〈臺灣佛寺雲嘉篇序〉，《臺灣佛寺導遊（七）》（民國 83 年 12 月，臺北市菩提長青出版社），頁 1。

〔註 122〕許恩婷〈媽祖超級行銷員——結合信仰與地方文化〉（2005 年 5 月 10 日，中華民國國際工商文經交流協會《中華文化雙周報》第 10 期），頁 72。

〔註 123〕姜鎮義，前引書「序」，頁 3。

份中吸取所要的養份，且隨著時代的腳步所崇拜的神明因為功能性的轉變而有所不同。〔註124〕宗教與習俗，在臺灣人來說，它們可以說是覆蔭人的一生。林進源在〈人生大事與宗教禮俗〉文中說：「宗教與習俗對中國人而言，是一種生活而不是束縛，是一種禮數而不是教條。它把們原本雜亂無序的生活，納入了可資遵循的軌道，使人們對生命抱持敬畏的態度，進而尊重世間的萬事萬物。由於中國擁有五千年悠久傳統，故點點滴滴累積而成的宗教與習俗的法規，幾乎可以支配人的一生。但社會日趨現代化、緊張化，許多繁文縟節不是早已被人忘卻，就是名存實亡。較為大家遵守的禮數，除了歲時節慶外，最為大家關心的還是幾項人大事，生育、婚姻與喪葬。」〔註125〕

至於民俗的改良，政府為了端正社會風氣，也會有移風易俗之舉，民國41年臺灣省政府會議通過「改善民俗綱要」。〔註126〕臺灣歲時節俗形成的主要內容，為全國性的傳統信仰、傳統的歲序節目和地方性神明崇拜的總體；也可以說是，基於一年內農業活動而形成的祭曆，再加上神靈的誕辰，而形成多采多姿的習俗。〔註127〕其狀況，窪德忠說：「這些地區（指臺灣鄉港、新加坡、馬來西亞）建有許多廟宇，人們普遍信仰道教。美逢神的聖誕日，或年末年初，或求神許願，或還願，人們都要去廟宇參拜、卜筮、求籤、燒金銀紙。所以無論何時，無論去哪座廟宇，總能遇上信徒參拜的場面，各廟宇成了淨化人類靈魂的場所。受人崇拜的神為主尊的廟，在它的祭祀日即聖誕日那天，朝拜者更是人山人海，熱鬧非凡。我在臺南供奉玉皇大帝的天壇特意拍下一張照片，由於參拜者不計其數，它們焚香的烟霧使照片蒙上一層淡黃色（中略）。人們會明顯敢到臺灣、東南亞的道教在純粹性方面不如大陸，這或許是由於大陸以外的道教同民間信仰的關係更為密切的緣故。」〔註128〕

由於社會的變遷，人口向都會的移動，今天各地方歲時節俗的風貌，也更加多元化。莊伯和說：「節俗時令的特色，已漸模糊化，現在是從傳統走向創新的轉捩點。」〔註129〕而寺廟的歲時節俗，較不易被取代的功能，僅存倫

〔註124〕瞿海源〈臺灣與中國大陸宗教變遷的比較研究〉，林本炫編譯《宗教與社會變遷》，頁391～396談到臺灣地區宗教變遷概況，包括各宗教寺廟、信徒人數，以及民間信仰的神明在每個不同階段的狀況；

〔註125〕林進源《中國神明百科寶典》（民國77年9月，臺北源進書局），頁516。

〔註126〕《白公上人光壽錄》「民國41年大事——政經」，頁279。

〔註127〕王世禎《敬神如神在》，頁57。

〔註128〕窪德忠著、蕭坤華譯《道教諸神》，頁10～11。

〔註129〕徐明珠〈臺灣節俗的傳薪與創新〉，《中央月刊》83年3月，頁13。

理與宗教兩項。〔註 130〕全臺通俗廟宇，幾乎多有廟籤的設置，上廟求籤，成為信徒生活中的大事。國人有句俗語說：「跨進廟門兩件事，燒香、求籤，問心事。」藍三印教授說：「一般民眾認為神明是最具權威的心理治療醫師，只要經由神明的指點，那準沒錯。因此，親友的勸導，總不如神明的指點，更讓他相信，於徬徨無助之時，便會上廟求籤。而負責解神籤者，自然成為指引他們如何脫離苦海的專家了。」〔註 131〕此外，平時信徒有事，或求財求婚問前程，或中西醫難解疾病，寺廟與神壇中的乩童與乩生、法師，就扮演著重要的除煞、解惑的角色。還有到寺廟算命、安太歲，求平安符、收驚的行事。除了歲時節俗之外，還有生命禮俗，這些都跟宗教信仰脫離了關係。王世禎在〈從受胎說起〉文中說：「生命祭儀，即人生中自出生、成年，一直到死亡，期間所舉行的儀式，亦即民俗學者所謂的通過祭儀。臺灣民間自妊娠一直到死亡，有一連串的儀禮，儀禮之繁雜與謹慎與生命階段之安危有關。在危險的階段，有較多的儀禮，而每一關口都有盛大的儀禮。剛出生時，人對外界較難適應，因此儀禮較繁雜；一直到成年，人總算通過了危險期，民間相信是神靈的保佑，為了謝神而有盛大的年禮。死亡，是人生的終點，喪葬儀禮關係到人死後在另一個世界的生活，亦即人死後在另一個世界裡生活得好與壞，決定於喪葬的儀禮。（中略）因此，喪禮在民間最為慎重而且繁雜。」〔註 132〕對於古傳的生命禮儀，隨著政府來臺的治理，採用了節約而不繁雜的方式，此外個宗教間因為信仰不同，禮俗也就有別，而現代人因為工作煩忙對於這些生命禮俗更是加以簡化。除了生命禮俗之外，臺灣民間信仰還有對大自然以及動物的膜拜。王世禎在〈對動物的膜拜〉文中說：「臺灣的民俗對動物的模拜，除了感念牠有功於人值得景仰，其次是一種求神不靈而轉求動物的心態。因為，動物多屬陰神之類，故有能賜福偏財，以十八王公為例，然可證明。」〔註 133〕臺灣人把義犬擬人化，併稱十八王公。十八王公還喜歡抽煙、吃粽子，所以在香桌前排列著數十善男信女敬奉的香煙，還有一堆堆的粽子；由於該廟的靈驗消息傳開，香客與遊客就絡繹穿梭在北海的淡金公路上。〔註 134〕

〔註 130〕前引文，頁 11。
〔註 131〕徐明珠〈上廟求籤說籤詩〉，《中央月刊》83 年 6 月，頁 111。
〔註 132〕王世禎《人神溝通六大秘典 2——臺灣全省陰神秘典公開》，頁 3。
〔註 133〕王世禎，前引書，頁 101。
〔註 134〕姜義鎮《臺灣的民間信仰》，頁 139～140。

國人常說：「慎終追遠，安土重遷。」這顯示著中國人重視傳統以及其生長的土地環境，而民德規厚在於其重視傳統文化與習俗。因此，古代的歲時節俗流傳到現代，不僅沒有被淘汰掉，還可以復振、創新到現代，就是一個明顯的例子。林衡道先生說：「當前的後工業社會，由於科技迅速發展，生產力增加，人們的工作時間都不斷的減少，社會上有餘暇可以休閒的人口漸增加。餘暇問題、休閒問題，現代已經成為社會學家最關心的問題。因此，歲時節俗漸漸又與餘暇、休閒結合起來了。」〔註 135〕例如，利用春節休假，前往各地旅遊的人口，一年比一年增加。元宵節，以前是家家戶戶點燈結彩，現在的寺廟、公園舉行花燈大會，吸引觀光客與當地住民前來休閒、歡樂。而風尚與習俗在中國、在臺灣也面臨到新舊交替、講究現代性與創新的處境，蓋國梁說：「我國的傳統節已都有千百年的歷史，長期形成的風尚與習俗是多方面的（中略）在這些眾多的傳統節目中，反映了中華民族長期形成的風尚與習俗；它包括了人們的宗教信仰、傳統禮儀、迷信禁忌、物質生產與日常生活的傳承習慣，在社會生活中有牢固的基礎，它又為每個人的一生所反復經歷。其中不少風俗，總結了群眾生活的某些經驗，往往含有某些積極意義。如不忘先人貢獻，追懷歷史功績，紀念傑出人物，祝願生活幸福，進行社會交往，及文化娛樂活動等等；但也反映了舊的傳統意識。在科學進步、新文化傳播的社會主義今天，情況已有所改變。節目風俗以及伴隨而產生的傳說故事，也和社會中其他一切事物一樣，經常不斷地發展著、演變著，只不過習俗這種強大的勢力，墮性很強，變化相對比較緩慢而已。正因為如此，我們要創建高度精神文明的新世紀，改造舊風俗，改變舊習慣，不可不注意傳統的風尚習俗，不可不研究伴隨著這些風尚習俗而產生的大量社會掌故，不可不考察這些習俗和傳說故事所反映的豐富的社會內容，任務尚很艱難。」〔註 136〕中國學人在唯物主義與威權統治之下，對傳統文化的問題有其思考進路，臺灣的學人近來也努力在經營這一塊園地，當文化創意產業蓬勃昇起時，兩岸展開民俗節慶與寺廟文化的你來我往活動時，定更能讓華人們乃至於世人，大開眼界。

（四）問題與省思

在臺灣雖然制度性的宗教為數不少，但由於現代化的教育以及社會環境

〔註 135〕前引文，頁 7。

〔註 136〕蓋國梁，前引書〈後記〉，頁 204～206。

的關係，不少人是不信宗教的，因爲科學代替了宗教，此外民間信仰貼近生活、易於博得人心，除非你有根性與機緣，你才會開始去正視宗教。湯貴土在〈我的學佛歷〉文中說：「我學佛以前，因長久以來受民間信仰與習俗的影響，障礙了我的學佛之路而不自知。小時候分不清寺、廟，總認爲那是過年要去拜拜來求平安的地方。對出家人的印象是要理光頭、要吃素食、想不開的人才會出家，家裡有人死了，要請他們來誦經超度。長大讀書後，卻認爲出家是消極、避世的，拜佛是迷信的行爲，爲死人誦經是形式，既沒意義又多花錢，吃素不會健康。如今深入經藏，瞭解佛法的眞諦後，深深的爲佛教叫屈，爲什麼以前我會如此的無知？竟然對佛教的認知低俗到這種程度。我在大學教書，同事們的教育程度都很高，大部份對宗教都很排斥，認爲宗教是迷信，都在搞偶像崇拜，經不起科學的檢驗。大家都很有科學觀念，自認爲很明理，也都很有主見，但根本不知道佛法是什麼，都不認爲他們需要學佛，這對號稱佛教已很興盛的臺灣實在是個研重的警訊。」〔註 137〕其因性空法師的引導，才在 40 歲時接觸佛教，同時開導不懂事的學生。

在臺灣，有人聽到或碰到靈異現象，心感不安，會找管道如神壇或密宗人士、靈學大師處理；但有的人不是如此，而是去接觸佛法，這是每個人依他起性不同的緣故。李周冬香說：「我在民國 73 年進入省桃上班，在值班時，曾有護士小姐反應有看到無形的出現，心感不安的情形下詢問姊姊之後，在姐姐介紹下認識范師兄。師兄送了幾本書，閱讀之後幾個月，便於 77 年皈依文殊講堂的慧律法師。之後，有位同事黃秋琴小姐，於 79 年到圓光寺剃度出家，她就是性證法師，由於她的指引，使我有機會認識圓光，接觸佛教。（中略）在我接觸佛教之前，不知六波羅密的用功方法，情緒管理不好，人際關係也差。等我進入圓光接受法師教誨後，性情與個性判若兩人，很少再與人結怨，不造口業，廣結佛緣，與同事相處也十分和諧，工作非常出實這些都要感謝佛菩薩的慈悲引導。」〔註 138〕

臺灣的社會在變化，而廟宇的定位及其功能性也隨人心在變化，因爲現代人重視休閒生活，不時有人會跑到寺廟去探尋，並把心得鋪上網路；由是

〔註 137〕湯貴土〈我的學佛歷程〉，《圓光新誌》第 84 期（民國 94 年 11 月，圓光雜誌社），頁 67～68。

〔註 138〕池勝美〈願有多大、力就有多大——專訪李周冬香委員〉，《圓光新誌》第 89 期（民國 95 年 9 月，圓光雜誌社），頁 64～89。

傳統的寺廟要轉型，才能吸引新世代。對於寺廟的觀感以及新的思維，不斷地在網路上出現，以保安宮爲例，廖武治在〈時代流轉下的文化新寺廟——大龍峒保安宮〉文中說：「隨著六、七○年代臺灣的經濟起飛，保安宮深感藝術與人文風氣沒落、信仰及道德觀淪喪，於是將廟宇角色重新定位，除了強化信仰中心的功能外，更致力推動民俗文藝活動。民國 81 年開始成立圖書館，並擴大辦理藝文研習營，原本只有書法、插花、國畫、粉彩四個研習班的狀態下，陸續增設英語會話、易經班等多元化課程，並成立保安宮國樂營、歌仔戲社、河洛漢詩、南管班、合唱團，更配合鄉土教學開辦培訓古蹟解說義工，也推動了不同型態的讀書會。培育社區英才濟濟，意紮下傳統文化的根，加上保生文化祭等各項民俗文化活動的舉辦，爲臺灣本土文化儲存能量（中略）配合經營管理的現代化及修復工程的完工，煥然一新的廟貌及享譽國際的文史風情，吸引越來越多的國內外香客、觀光客前來膜拜與參觀，其中更不乏官員、學者及文史工作者前來吸取保安宮古蹟修復及寺廟經費自行統籌、監造，恪尊傳統。另外爲活化古蹟生命、使社區品質與宗教建築切實配合，多次向都市發展局提出地區環境改造之構想，爲大同地區孔廟、保安宮周邊地區推動環境及社區的規畫與整修，促成大同地區再發展，逐步進行中。」〔註 139〕當前不論是政府或者是廟方或者是學者，專注的焦點是，鼓勵廟宇與社區全方位的參與，創造共同的議題，結合各社區規畫師與公部門跨局處以及專家們的通力合作，提昇地方文化意象，刺激社區產業及商機再生的原動力。由是各項民俗節慶、宗教藝術、國際文化藝術等 100 多個新節慶，在臺灣各地登場了。

臺灣的廟宇不論其大小，其文化與活動，不僅是扮演著慰藉善男信女的心及靈、解決信徒的需求、對移風易俗有益、可端正人心的角色之外，更是傳承文化與表現民間藝術、維繫社會安定、團結社群的媒介。然在肯定其對文化、社會、政治、經濟與觀光等多項功能時，〔註 140〕我們也要留意它們隨著社會繁榮、功利高漲、價值觀改變等因素，衍生出來的許多負面的脫序問題。以廟宇而論，吳遐功在〈臺灣的民間信仰〉文中說：「由於社會的進步與繁榮，許多香火鼎盛的大型廟宇相對的財力雄厚，因此，某些傳統的大廟，

〔註 139〕《大雅》雙月刊第 32 期，2004 年 4 月；另見 http://blog.udn.com/liaowujyh/3111025。

〔註 140〕關於廟宇的各種功能，請參見劉燕儷等主編《臺灣歷史與文化》，頁 191～196。

動則斥資千萬億計，大興土木打造金碧輝煌的廟宇。只是如此的建築，已失去了保存傳統文化的資產的本質，豈不令人扼腕。加上，長期以來，政治力的介入以及功利主意掛帥，更是使得部份的廟宇充斥著濃厚的商業氣息與銅臭味。」〔註 141〕吳先生所說的，僅是就寺廟的外部文化去觀想，而寺廟的內部文化才是重要問題，這包括寺廟宗教信仰的本質、人才的養成以及戒德與管理問題。

臺灣的寺廟多與民間信仰，結合在一塊，而產生功能上的混淆，這些問題大多來自民眾對宗教信仰的認知，以及與個人的習性有關，一部份是寺廟自身體質上的文化問題。另以祀典廟會而論，吳遐功在〈臺灣的民間信仰〉文中說：「廟會期間，主事者往往為了顏面，一擲千金，擺排場、耍闊氣，形成舖張浪費之惡習，卻忽視了祀典廟會本身的內涵與本質。同時，廟會期間，大量的焚香燒金，滿天價響的鞭炮，節能減碳的環保議題，又何嘗不是一大挑戰。另外廟會活動往往出現電子花車、脫衣豔舞秀等，使原本心靈慰藉、移風易俗的神聖殿堂，亦是否受到某種程度的汙染。」〔註 142〕對佛教來說，寺廟及其僧尼是象徵佛法住於世，佛法要透過世間來覺悟，佛法也不是僧尼的專利品，佛法是人人可以修習的，所以佛教之眾有僧尼有俗士，其法有正行與助行，而大德開方面門是即聖之路，在佛教看來成佛之路，是不論凡聖的；而民間的廟宇，不論其功能如何，不論其宗教信仰的層次如何，不離聖與俗，在聖濟俗，在凡即聖，凡聖一如，佛心無差別。學者專家對於民間信仰與廟宇文化，逐漸有新的見地出現，李隆楙在〈臺灣民俗與節慶之美〉文中說：「希望能從宗教學角度，來看臺灣民間信仰的民俗活動；再從民俗慶典活動中，了解臺灣這一區域的人文內涵；由臺灣廟會活動中欣賞臺灣節慶之美、廟會之歡，破除宗教迷信的陷阱，建立正確信仰思維，讓生長在這塊土地上的居民深耕於此，更讓生活中充滿了祥和喜樂之愛，共同提昇公民的教育水平，全民一心關懷土地、人民，期望明天會更美好。」臺灣人逐漸重視臺灣文化，並把其列入課程之中，且云：「先用圖片文字介紹臺灣的民間節慶活動，民俗信仰活動；以田野調查的視訊資料，解說活動內容、流程；用宗教學來解讀道士、法師科儀的儀式內涵；配合有興趣的學員一起共同進行田野調查的記錄、攝影和 DVD 製作，讓學員能深入體驗生長的空間；舉辦宗教

〔註 141〕劉燕儷等主編《臺灣歷史與文化》，頁 196～197。
〔註 142〕劉燕儷等主編《臺灣歷史與文化》，頁 197～198。

之旅，帶領學員參與宗教參訪的活動及口述歷史的編輯。」〔註 143〕可見當今在很多學者專家大力推動本土文化之下，民間習俗與廟宇文化已成爲課程的主題之一，如此作爲已把傳統文化與生活、學習連結在一塊。

六、臺灣與大陸的廟宇

全臺登記有案的佛教寺院，約有三千多間，〔註 144〕而宮廟據說卻有一萬多間。〔註 145〕佛教寺院是佛教的縮影，〔註 146〕那從全省宮廟之數目多出佛教寺院兩倍以上，可以看出臺灣民間信仰之盛過於佛教之信仰，是實情的。宮廟除了主體建築之外，都有公共的活動設施，民眾除了可以進行活動之外，最重要的是可以凝聚社區成員的感情，構築社群的共同意識，發展出和協的社區關係。大部份廟宇本身的建築，就深具特色，每年眾多的廟會活動如遶境等，更是臺灣特有的文化，甚至成爲國際人類學的研究對象。臺灣是一個宗教信仰很自由、很活躍的地方，廟宇舉辦的活動也不少，如例行的拜拜以及廟會之外，宮廟憑著人力與財力，還可以配合或協助公部門如文建會、內政部等單位推行各項活動。廖武治在〈臺灣宮廟推動廟會、藝文活動所面臨的困境〉文中說：「臺灣的文化創意在華人世界是相當優勢的，若加上精緻的要求、美感的提升在宗教性文化的發展這塊區塊上，臺灣具有相當大的優勢，應該是大有可爲的。如果我們能夠將傳統廟會遶境陣頭的服飾、舞蹈、音樂加以精緻化、藝術化，臺灣珍貴的宗教性文化資產就有推向國際舞台的機會（中略）。臺灣是宗教發達的地方，廟會遶境多也是一大特色，經緻的廟會遶境可以吸引國外觀光客，而宮廟所自辦的藝文研習班，更是有效推動『生活美學運動』的助力。政府近來積極推動的『生活美學運動』，很重要的工作就是以種子教室、生活美學主題展等方式來推廣生活美學。而全臺一萬多間的

〔註 143〕http://tamsui.org.tw/tcu/991/991A09.htm。

〔註 144〕闞正宗於民國 78 年 10 月在《臺灣佛寺導遊（一）》〈名山名寺序「臺灣佛寺導遊」〉文中說，在臺灣登記有案的三千座佛寺中，他們僅探訪二百多座，其考察難處是：「在於寺院大部份爲於山巔水湄、窮鄉僻壤，有些甚至是人跡罕至的地方。」

〔註 145〕林進源在民國 77 年 9 月出版《中國神明百科寶典》（頁 84）時說：「目前臺灣地區有登記的廟宇至少五千六百七十三座，祀奉的主神則有二百四十九位，平均每一百平方公里就有十六坐廟宇，數量堪稱驚人。」而行天宮的廖武治於 2009 年卻說宮廟有一萬間，可見臺灣廟宇之繁與很快速。

〔註 146〕參見段啓明等著《中國佛寺道觀》（1993 年 8 月，北京中共中央黨校），頁 5。

宮廟，將有助於這項運動的推展。我們相信，只要公部門與宮廟間充分合作，借力使力，將可以達到事半功倍的效果。」〔註147〕近年來，聯合國科教文組織底下的「世界遺產委員會（ICOMOS）」積極推動「宗教性遺產與神聖場所保護運動」，文教會也致力於此項宗教文化資產的保護，使得臺灣的宮廟及其文化越來越受到重視。

至於臺灣的宮廟文化與大陸有何同異，「我們臺灣的道教是以神明信仰的居多，所以是以宮廟道教爲主。從鄭成功以來到今天四百多年，臺灣的宮廟道教有走出自己的一個路線、一個風格，和一個生命精神，和中國道教有不一樣的地方，但畢竟祂的發源地是在中國。所以在臺灣這塊土地來說，道教無論是教派，無論是宮廟，無論是經典，這個歷史，都和中國有牽涉。但是雖然有牽涉，畢竟四百多年來，在臺灣這片土地上，祂有祂自己的生命，以及祂自己的使命。今天我們臺灣所發展出來的道教，和中國大陸的道教，事實上已經有非常非常的不一樣。大陸的道教，他是以教派爲主的。在我們臺灣、澎湖、金門、馬祖都是以宮廟道教爲主，都有神聖降壇濟世，所以是和中國大陸的道教不同。宮壇在我們臺灣，主要性質就是辦事、濟世、救時、化劫，這是我們宮廟道教和所謂教派的道教所不一樣的地方。所以以神明信仰爲主的這個臺灣的道教，如上帝公的信仰、瑤池金母的信仰、關聖帝君的信仰、天上聖母的信仰，信徒都是非常的多。」〔註148〕臺灣的道士大多屬於正一派，也有全眞派、武當派、崆峒派的。不過，無論屬於什麼派別，臺灣道士多係居家道士；而早期的仙道，是一些修道練武的人，如今連民間信仰鸞堂且說自己是仙道的某一派別，〔註149〕這與仙道的定義不同。賴建成師說：

〔註147〕「網路城邦」部落格，2009年7月4日，http://blog.udn.com/liaowujyh/3103719。

〔註148〕「易聖堂」部落格〈臺灣的道教——宮廟道教〉，2009年4月13日，http://tw.myblog.yahoo.com/est-970812/profile。

〔註149〕洪碩峰〈內丹與健康講題大綱〉，2007年11月25日「中定續筆」。文中說：「道教有五大派別：一，丹鼎派：二，經讖派：三，符籙派：四,占驗派：五,積善派。嗣漢63代天師張恩溥認定，瑤池金母信仰是道教的瑤池派：丹鼎派。（中略）原始仙道學術，四部合一。道，老子的理論：法，莊子的方法：術，列子驗證：訣，明師的口訣。（中略）人與神之間的溝通係仰杖神意。由相關具有特異功能之神職人員而達成，不然就得靠自己辛苦來求證。仙道家鍛煉的三個層次：煉精化氣→學術性：煉氣化神→一半學術性、一半宗教性：煉神還虛→宗教性。（中略）內丹涵蓋：動功與靜功。金石草木，只可治標。治本，則宜用自身妙藥，方能堅固。內丹的效用機制，致今尚未完全明白，但古人曾將內丹的產生、視之喻爲改善身心體質、七返九轉

「從小運動，練養生功法如八段錦等，高中時開始與弟建添習靜坐，練各種功法，大學時在草山練仙道功夫，難成但身心是有助益的；讀碩士班時，又回草山居住，從此正式入氣功之門，也持密咒、習定，跟明復法師之後，轉習佛教，稍有心得；在景文，再復習丹道氣術以教後進，輔之以密咒與拳術；數年後，入三清道法之門，通術數、道術與密法以濟人之急。經過宗教與民間信仰的洗禮、以及多年的觀察之後，更加瞭解仙道與道教、道教與民間道教、道家與道教、道家與道術、道教與民間信仰、密法與道術、佛教與扶乩之別。」國人礙於知識不足，或者是對宗教修持上缺乏深刻的實證與實際上的宗教接觸，所以體驗較為膚淺，所以易受迷惑與欺誑，而不自知。對於扶乩與神壇的鬼神之事，印光法師在〈復馬舜卿居士書〉中云：「扶乩一道，實有眞仙降臨，然百無二三次；若盡認做眞仙，則是平民妄稱帝王矣。所臨壇者，多屬於靈鬼，倘果有學識之靈鬼，其語言頗有可觀；至說佛法，則非己所知，故多謬說。一般無知無識之人，遂謂眞佛眞菩薩；其語言之訛謬處，害人實深。君士宜潛心讀安士書並印光文鈔，倘有入處，再去研究《法華》、《楞嚴》，自頤明如觀火矣，」〔註 150〕正信佛教的教學觀念，觀念大抵正確，但信眾的心或許不在修持與行善之上，所以或說：「親近這些高僧的人，我看多了，平時在社會上壞事做很多，到了某山頭來儼然變成道貌岸然、莊嚴肅穆的大護法；回到社會，以某某師父的徒弟自居，搞關係作生意，生出許多社會上看不到的亂象來。」有的人求功德不成，從正信佛教轉向密宗師父乃至於找神通師父與神壇上去求，希望大陸投資會變好！明眼人一看，都像是一群詐騙集團，但看似是虔誠的佛教徒呢！揚舉正信的山頭僧尼們，對這些情事知道否、耳聞否，還是全然不知，這眞是正信佛教教團的危機之一。

臺灣的神壇與宮廟，逐年在增加，在道教組織上有臺灣省道教會和中華道教總會，還有一些協會在運作宗教事務如靈乩協會。臺灣道教宮觀在社會服務和社會救濟方面，日益發揮著重要的作用。主要表現為建立醫院、社區活動中心、音樂中心、圖書館、民眾閱覽室、運動場、舉辦國學講座班、書法美術班、養生修煉班、舞蹈班以及各種民俗活動等。臺灣道教的根在大陸，祖庭在大陸，所以近年來臺灣道教界人士經常到大陸的宮觀謁祖朝聖，並與大陸道教界共同舉辦一些重大的道教活動。大陸道教界亦多次應邀派代表團

的金玉仙丹妙藥！

〔註 150〕《印光法師文鈔（一）》卷二「書」，頁 131。

前來臺灣參觀訪問。海峽兩岸道教界人士的頻繁交往和交流，的確對於增進彼此之間的了解和友誼，以及對於弘揚道教文化，都是有所助益的。在臺灣不僅道教的派別不同於大陸宗教，在宗教的表徵與活動如民間信仰、民俗節慶、神像與廟會、法會儀式上或有類似之處，但在信仰的精神與民眾的自主性上，全然有別。〔註151〕但在臺灣，由於泛靈崇拜，也產生種種宗教亂象，這在嚴格管制宗教的中國大陸是不能存在的。

在臺灣時見宗教亂象，檢討它則要回歸到社會問題，以及宗教內部的自我教育與信徒的自覺問題。在〈臺灣宮廟陰靈遍佈、通靈亂象紛紛〉文中說：「在現代這樣的社會裏，民間廟宇中住有眞佛的，實在是稀有了。常見的都是善鬼助人，妖魔佔廟等現象，人們來燒香拜神爲的不是什麼，是求財求名，或感情及事業，餘此之外就是保平安。試問，佛菩薩會給你財嗎？人人各有一本福錄簿，多少福份多少災難依因果顯現。若菩薩會給你彩卷號碼，求字得財，那眞的好笑了，這樣的菩薩我也想認識認識，可想而知必是鬼物所爲。」〔註152〕臺灣民間的信仰，隨者正信佛教的興起，以及民眾知性的進步，部份信仰如神壇的現象與拜拜，被制度性的教徒所質疑。或說：「宮廟中的神像，是人們因爲自己的欲望而刻出自己想要的形象，但神像中其實住了什麼，一般人並不知道。」宮廟有其神秘性之處，這關涉到宗教信仰的起源，其宗教現象是否有其眞實性，有人是從唯心的角度或是從唯物的立場去觀察，所得的結果確是很不同。臺灣的中國大陸對宗教信仰，是從管理與正常生活的角度去思索，任務之說：「《中國佛寺道觀》共收入佛教寺院 168 座、道教宮觀 21 座，其中包括了 163 座漢族地區佛道全國重點寺觀和藏語系佛教、巴利語系佛教部份寺院（中略）。這些佛寺道觀只是十年來我國落實宗教政策的一個縮影，也是我國佛道文化的一個縮影。幫助人們了解近年來中國落實宗教政策所取得的成就，希望保護好這些場所，並且通過這些寺觀了解佛道教的一些知識，學習祖國的傳統文化，可能是作者編著該書的願望。」〔註153〕《中國佛寺道觀》書對佛道寺院都做綜述，內容包括佛道寺院的建置、殿堂中的神像設置、廟宇管理、寺廟文化藝術與宗教活動。「關於佛寺中主要的宗教活

〔註151〕有關中國大陸的宮觀以及信仰狀況，參見段啓明等著《中國佛寺道觀》，頁664～770。

〔註152〕「小行者的部落格」，2007 年 11 月 19 日，http://luzifur.pixnet.net/blog/post/9841484。

〔註153〕段啓明等《中國佛寺道觀》，頁 1。

動，有僧尼的日常行事、儀法和法會，以及佛教節日活動等。」〔註 154〕至於對道教的管理，「中華人民共和國成立後，道教宮觀也進行了民主改革。經過土地改革後，道教宮觀不再擁有大量土地，道眾也分得一份土地、山林，從事農業、林業生產勞動，成爲自食其業的勞動者。過去城市的一些主要靠作到場及抽籤、卜卦等爲謀生手段的道士，也在宮觀內過著正常的宗教活動，不再到社會搞抽籤、卜卦等活動。宮觀內廢除了封建剝削制度以及中華人民共和國法律相抵觸的清規戒律。宮觀事務也實行民主管理，成立民主管理組織，不少宮觀制定了新的規章制度，使宮觀管理走上了正常軌道。」至於宮觀內的宗教活動，「道教節日，主要是紀念道教神仙的誕辰，如農曆正月初九爲玉皇大帝聖誕、農曆正月十五邱長春眞人聖誕，農曆二月十五日爲太上老君聖誕、農曆三月初三爲王母娘娘聖誕（俗稱蟠桃會）等等。每逢節日，宮觀內要舉行隆重齋醮，大的節日舉行廟會活動。許多道教節日已成爲我國漢民族的民間習俗的組成部份。」〔註 155〕大陸的廟宇文化，跟臺灣的廟宇文化相較下，在自主性與活潑性，以及人力跟財力、文化的創進方面，不僅是輸卻的，其保守性格與宗教正常化是因爲受到國家政策的規範。

臺灣的宮廟、神壇、家廟多得難數得清楚，所以崇奉的神明亦多，傳說當然不少。關於寺院與道場的傳奇，闞正宗在〈臺灣觀音道場建寺傳奇初探〉文中說：「我們相信每一種傳說，必有一個源頭，否則不可能許多傳說會那麼類似，找到了傳說的源頭，也等於找到了先民信仰的、心靈的原鄉。」〔註 156〕因爲廟宇有許多種功能，是不容忽視的，雖然國族主義發達的社會裡，先進的國家還是容受宗教與民俗信仰的，只要不違反法令或影響善良風俗，所以近幾十年來連強調唯物的、破壞道門最激烈的中共，都會回過頭來維護傳統宗教與民俗的部份文化。陳進源在〈期待一片宗教的淨土〉文中說：「總而言之，目前臺灣民間信仰至爲複雜，一部份人因習慣承襲而信仰某些神明，另一部份人則爲了功利投機而燒香膜拜，這些都不是正常，虔誠的宗教信仰應有其態度。爲了在這一團混亂當中，理出一片清明的淨土，特別須要有心人盡心整理我國傳統的正

〔註 154〕段啓明等《中國佛寺道觀》「佛教寺院綜述——佛寺中的主要宗教活動」，頁 4～16。

〔註 155〕段啓明等《中國佛寺道觀》「道教寺院綜述——佛寺中的主要宗教活動」，頁 670～671。

〔註 156〕闞正宗《臺灣佛寺的信仰與文化》（2004 年 10 月，臺北博揚文化事業），頁 202。

統，並形諸文字，以傳之子孫。」〔註 157〕廟會的活動，不僅是信仰的層面，在地方政府與寺廟的眼中，也代表著龐大的商機，因人潮即錢潮，看到商機的廟宇會順勢推出各種紀念商品，還有建立一些迎合潮流的服務與便民方案。〔註 158〕而佛教的廟宇，如中台禪寺則「本著佛法學術化、教育化、藝術化、科學化、生活化的方向，建設道場，宏揚佛法。」〔註 159〕

七、結　論

要研究臺灣的文化，可以從不同的角度去探討，有人從國家的政策、宗教現象、社會變遷的層面上去探討，有人從地名的演變、寺廟文化或風土民情去考察。洪敏麟說：「臺灣為中原文化派生之地，三百餘年來，從中國大陸，抱著政治理想或經濟期求，移民一波一波的，陸續的冒險渡海來臺。移民們披荊斬棘，拓荒闢地，歷經千辛萬苦，化荒蕪為美麗，在島上落居下來，中原文化乃隨著播植於此。雖歷三世紀有餘，其間亦曾為異族所盤據，亦發生了劇烈的社會變遷，然中原文化的本質，卻根深蒂固的，紮根於臺島有形無形的各個角落裡，文化的種子從發芽經歷發育至茁壯，脈脈相承，綿延不息。地名就是其中最重要的一個文化要素。」〔註 160〕漢人隨地落根，也帶來了家鄉的神明，乃至於大型宮廟的產生。隨後，不同區域的文化與宗教信仰的傳入，臺灣人也加以崇信，造成臺灣文化的多元性發展。以信仰的方面來說，臺灣佛教的信仰人口約有 548.6 萬，佔臺灣總人口 23.9%，不過其信仰人數可能與道教、儒教或其他臺灣民間信仰有重疊的情況。而全臺被認定 454 萬道教徒中，混雜著臺灣民間信仰者應佔大多數；這裡面也包含崇奉祖先、巫術、鬼神和其他神靈及動物崇拜等信仰。此外在臺灣，則有近 14%的人口不信仰任何宗教；另有一種狀況是，一些人雖然拜拜、跑廟宇，卻不相信有神佛與鬼神存在的事，因為從出生以來都沒有眞實地見過這些東西。

臺灣的民間信仰，以中國古代經神信仰為基礎，融合了儒釋道三教而成，

〔註 157〕林進源《中國神明百科寶典》，頁 18。

〔註 158〕許恩婷〈進香活動商機無限〉（2005 年 5 月 10 日，中華民國國際工商文經交流協會《中華文化雙周報》第 10 期），頁 76～77。

〔註 159〕釋惟覺〈追求光明的生命〉（民國 93 年 1 月，財團法人中台山基金會《中台山》第 68 期），頁 5。

〔註 160〕洪敏麟《臺灣地名沿革》「再版序言」（民國 74 年 12 月，臺灣省政府新聞處），頁 4。

寺廟爲民間崇拜神靈場所，因此往往所供奉的神祇屬性不同，使得寺廟的形成及其文化就有所差異，但整體來說卻構成一個看似綜合性的宗教，還有一系列的民俗節慶。王世禎在〈談敬神與社會關係〉文中說：「談到人與神的交通，這其中有許多神秘性存在（中略）。臺灣是一海島，人活須要冒險，因而民間信仰爲基礎空峒多神的信仰，在信仰者的心態是敬神如神在。由於本來中國就是多神教的社會，因爲在最初由閩粵來臺的臺灣人，再融合了中國境內歷史較悠久宗教：儒、釋、道三家而成，成爲一種綜合性的宗教。這反映了中國文化的包容性，只要適合社會需要的，全部能接受，且融合在一起，構成民間信仰的特色。在民間信仰中往往神佛混淆，民間道教的神和佛教的佛，一視同仁，不分彼此。如觀音菩薩爲佛，在民間稱其爲觀音媽且牲禮祭祀，作神看待，有違佛教所主張忌殺生和吃齋的教條。其他如廟宇不分，僧道混合等現象都反映了民間信仰的綜合性。」〔註 161〕由於多神的崇拜，在臺灣民間信仰中存在著亡靈崇拜、自然崇拜、庶物崇拜以及巫術、禁忌等習俗。

至於歲時習俗，以拜拜者簡單樸質的立場來看，「從大年初 1 到 12 月 30 日，月月日日都有神明誕辰，你要怎麼拜，可以參考，這樣才會敬神如神在。」〔註 162〕歲時習俗是把節令習俗跟宗教信仰活動，聯結起來，因而與整個社會生活產生了密切關聯。王世禎在〈全年神佛誕辰譜〉文中說：「臺灣歲時習俗形成的主流，是全國性的傳統信仰。傳統的歲時節日和地方性的神明的總體崇拜，也可以說是一年農業活動而形成的祭曆，再加上神靈的誕辰，而形成多采多姿的習俗。此歲時習俗中，不但含有對神明及祖先的祭祀，並有節令的敘情、娛樂、競技以及禁忌等項目。歲時祭儀除了加強人們對時序變遷而作生活安排之外，國人並可由祭儀行爲獲得心理支持與慰藉。社會亦由集體性的祭儀動得到整合，社會秩序亦得以維夕，更重要的是表現國人敬天尊祖、愼終追遠的感情。」〔註 163〕而隨著社會變遷與都市的發展，在現代化的生活之下，寺廟的歲時節俗，較不易被取代的功能，僅存倫理與宗教兩項，創新使之能迎合現代化的社會功能是勢在必行的。除了進香團與會靈山活動之外，政府與寺廟間、政府與公共藝術家間在籌謀一些計畫，盼能促進人文上的交流與推進觀光的活動，在動態上就有各種燈會活動的呈現，在靜態上則

〔註 161〕王世禎《敬神如神在》，頁 3。
〔註 162〕王世禎，前引書，頁 55。
〔註 163〕王世禎，前引書，頁 57。

是宗教博物館的成立，並配合地方景點與臺灣獨特的餐飲文化；這些舉措，也是政府與宗教應合國際上興起的全球化與本土化活動的一種表現。

現在臺灣地區的各縣市，不僅是宮廟，連政府已逐漸走上以辦理元宵燈會等活動，當招徠觀光客的重點節慶節目，如臺北市、臺北縣與宜蘭縣的各年燈會活動。〔註 164〕以前清明節，是男人去掃墓，女子從不參加，現代是全家人驅車到郊外拜墓，情形宛似遠足踏青。端午節的龍舟競賽，以前是共同體的事，現代很多地區把它當光觀光資源。七月普渡活動，搶孤或放水燈，連外國人都來觀光。八月中秋，以前是拜月、賞月，現代人自己有車的人，常驅車前往風景區旅遊，或到溪邊海灘烤肉與觀月、嘻戲玩樂。

我國的神靈與歲時的節慶，已走向觀光性與國際性，尤其在華僑社會的紐約與舊金山的廟會活動，特別得到美國政府的支持，已廣泛引起國際社會的注意。所以專家們建議政府，把一年中重要歲時節慶加以確立，然後找出那一個地方所表現的節俗最具特色，如鹿港端午慶典、基隆中元普渡、頭城的強孤、臺北的燈會、冬山河七夕情人節等，加以輔導成各節俗的重點特色區。然後將此民俗活動的內容發揚光大，辦得有聲有色，使兼具觀光功能。〔註 165〕如設立民俗藝團，由寺廟認養，陳列陣頭文物，定期表演，創造民眾休閒的好去處。〔註 166〕陣頭表演，是臺灣神壇廟會活動中，最熱鬧的項目之一，少了它祭典會黯然失色；使陣頭專業化，一方面可以承接固有文化，同時推展觀光，促進國際交流，如九天靈聖院的許振榮團長，帶領著一群不願讀書的青年，研習陣頭並配合著打鼓，把藝陣文化發揚光大，並推展到國際舞台上，扭轉了年青人的人生觀及其途路，也改變了國人對陣頭團體成員的刻板印象。〔註 167〕

當前想到達到全民心中有宗教，這要宗教團體與宗教家、學界們的努力，電台、媒體也可以善加運用；「全民心中有觀光」，這個指標除了靠政府推動之外，宗教團體在軟硬體方面都要有良好的思構、經營與管理，才不致於寺廟淪落成僅是觀光、旅遊的場所；而僧侶或修行人變成不辦道，忙於經營俗事，那會走入了以前我們常批評大陸在宗教管制下宗教界異化之途路；宗教與社會活動密切結合中的現象，處處得見，如宗教連鎖經營、素食館與宗教

〔註 164〕參見水岸藝術公司《火樹銀花慶猴年企畫案》及 2004 年臺灣燈會《光華乍現活動人力資源企畫案。

〔註 165〕徐明珠〈臺灣節俗的傳薪與創新〉，《中央月刊》83 年 3 月，頁 12。

〔註 166〕樂晴〈談傳統民俗技藝陣頭〉，《中央月刊》83 年 9 月，頁 91～96。

〔註 167〕《年代新聞——文化印象》報導〈少年也鼓舞靈魂吧！〉，99 年 6 月。

文物店、資源回收再用等情事，宗教也不能過於資本化、市場化、俗世化。

總之，宗教與哲學的傳統，是一個民族維繫自身存在的要素，而民俗文化則是其促成階層乃至於人群和協的觸媒。宗教信仰與民俗結合在一塊，是古中國人與臺灣人的特性，而宗教飾物與藝術結合，不僅是一種生活形態，也創造出不少商機。以民間的保生大帝爲例，由於「昔時臺灣爲瘴厲之地，故渡海來臺移民，莫不隨身攜帶，以爲護符。」〔註168〕現在連佛教以及其他宗教或不信仰者，身上多見各色各樣的護符，有的僅是裝飾之用，有的是宗教信仰，護符的材質也多樣化、信仰同那常識，是一種文化體系，張踐在〈宗教在民族形成和發展過程中的重要性〉文中說：「世界各民族廣泛、頻繁地交流，地域的隔閡不復存在，經濟生活融爲一體，民族語言趨同甚至消逝；但宗教作爲民族文化中最內核的成份，仍可以使一個民族維持自身的存在，西方的猶太人，中國的回族就是最爲典型的例證。宗教這種文化意識形式，滲透在民族其他各個要素中間，對民族的形成和發展產生了極其巨大的作用。」〔註169〕以前臺灣被稱爲破了世界三項記錄，除了吃與亂之外，臺灣另一個第一值得我們加以省思。飛雲居士說：「柏恩所提的第一個紀錄是，臺灣廟宇及崇祀神明，是世界上任何國家所不能比擬的，從自然的日月三星風雷雨電到地上的豬狗貓牛都是咱們拜的對象，而且在不少佛寺中亦供有這些異類神明，這的確市一種宗教自由的泛濫。今天，我們看了這一項紀錄，可說是憂喜參半，憂是若長此以往，我們社會的中心信仰，將成了沒有目標的膜拜，功利與雜神將結合，我們的子孫不曉得如何來評價我們這一代。喜的是我們政府在宗教信仰給了大眾太多的自由，我們的政治開明給了世界一個最有力的證明。」〔註170〕我們的文化，已從傳統步入現代，我們的信仰也是一樣，因此做爲一個現代的宗教信仰者對其所拜的對象、祭祀的禮儀以及對宗教的態度，都應有理性的認之才好，〔註171〕而不只在研究。〔註172〕此生有人說苦，有人說夢，也有人說紅塵之美好；看過紅塵俗事，

〔註168〕杜而未《儒佛道之信仰研究》「附錄：拜拜種種」，頁172。

〔註169〕牟鐘鑒《宗教與民族》（2002年6月，宗教文化），頁104。

〔註170〕王世禎《細說臺灣民間信仰》（民國82年4月，益群書局），頁23。

〔註171〕王世禎，前引書，頁224。

〔註172〕林本炫《宗教與社會變遷》「譯序」，3～4。林本炫說他從事宗教的研究，常被問到的是有沒有宗教信仰，其意是說一個人如果沒有宗教信仰，所研就出來的東西可靠嗎？另一種意義是，宗教是要信仰的，不是來研究的。其實研究宗教，也是一種事實與義理的探究，對不信宗教者或者是信宗教者來說，都會產生某種程度上的受用。

再到名山寺廟巡禮，凡人都會有感觸以說：「看來我們來對了，走遍梵刹方覺塵凡原是夢，我們不覺塵凡是夢幻，就是因為沒有走遍梵刹，常常把塵凡諸事太當眞，執著放不下，以致鬧出人間一幕幕話劇來。」佛是覺有情，寺廟是法住之所，人到此間總多說瞥見，但說幻道眞總是落空，賴建成君以是說：「到此都作天人聲，忘卻此身仍在人間。」〔註173〕世間放下又提得起的，在廣漠的廟宇中，眞的有幾人能得見？！

至於到廟宇拜拜求平安祈願，或找神壇消障以發財，這種行持在佛法上來說是不圓滿、不究竟的；行人「唯有透過佛法的洗煉，當惡業生起時，立刻發現、覺察，而以修持力將惡業磨盡，如此即可隨緣消業，參學辦道漸趨圓滿。對於他人之惡業救渡問題，以惡止惡是國法所不容的，「某些宗教消業的方法，也類此；以符咒、養小鬼、靈媒的力量，來取消業障，這畢竟是有漏的煩惱法。」佛法則不如此，佛法講求業因業果，所以我們碰到此狀況，要教導他們懺悔、求寬恕，或念佛以功德回向，乃至於引渡對方到廟宇找僧尼參學，使眾生癡迷與怨念的心逐漸消除。〔註174〕所以，我們佛子不能僅靠禪修來逃避業障，或只想用持戒清淨，一切都能化解，那也是不夠圓滿的，而是要面對生活與工作的時刻考驗。至於宗教與人群活動及政治的關係，杜繼文在《佛教史》「序」文中說：「宗教是社会的產物，它不能懸空地存在着，它有具體的表现形式。宗教也必须生存（傳播播）在一定的民族和地區。宗教的發展變遷與社會歷史的發展變遷息息相關，社會歷史變化了，宗教也發生变化。宗教生活要受社會生活的制约，尤其是政治生活的制约。歷史上有些民族原先共同信仰某一種宗教，由於政治的原因，有的被迫，有的自動改信了另一種宗教，這類實例很多，中國有過，外國也有過。那種認為宗教是永恒不變的說法，是没有根据的。認為宗教信仰與民族風俗習惯牢固结合，永遠不可改變的觀点也是没有根据的，宗教信仰與民族風俗習惯有關，但不能等同。」〔註175〕其說法，是站在唯物論的立場來解析宗教現象，然對於宗教心理方面，中共學人跟傳統宗教人士的觀點是不同的，這如同人性本善與佛法的眞性說是顚破不了的道理。中共否定宗教，在社會進化中批判宗教，跟臺灣眞是大不相同。

〔註173〕方穎慧〈丹霞美景不勝收〉，《南洋佛教》第303期（民國93年7月，新加坡佛教總會），頁15。

〔註174〕釋性演〈邁向正確的菩提學程（三）〉，《慈明》第4期，頁46～47。

〔註175〕杜繼文《佛教史》，2006年1月，江蘇鳳凰出版集團。

附錄：節慶活動企劃案

提　要

臺灣地區的新節慶，從 90 年代興起，經過幾個階段之後，而有今日的五花八門、各種類型的地方新節慶出現。地方新節慶的產生，起源於臺灣從農業社會走到工商社會，傳統文化因之要不斷地改良、變化，以迎合時代潮流，同時不失卻傳統的精神。1993 年文建會提出「文化地方自治化」的構想，將原由中央統籌辦理的全國文藝季活動，交由地方文化中心來辦理，使得各縣市地方的文化作活絡起來。文化中心的作者，開始在思索，如何將文化藝術落實到生活的關懷，以及常民的生活層面。1994 年，文建會正式以「社區總體營造」的概念來統合新的作爲，提出地方產業發展除了要有特色之外，更須由產業內部尋找文化意涵，結合本土生活，讓產業能成爲地方文化的代表。

此後，在各界的努力之下，透過發掘人文與自然景觀資源，發展觀光與休閒旅遊，配合週休二日的實施。在社區總體營造與發展休閒觀光兩大力量交互作用之下，配合地方特色如寺廟文化、餐飲、物產等，臺灣各地區規畫完成了一連串的觀光文化節慶，由是地方新節慶就一一展現在國人與外國遊客的面前。〔註 176〕

根據陳柏州等著的《臺灣的地方新節慶》〔註 177〕一書所列，臺灣地區的新節慶可以分爲藝術文化的節慶、產業促銷與社區營造的節慶、創新民俗祭典的節慶等三大類型。從此，臺灣地方的新節慶以嘉年華會的形式登場，透過媒體的宣傳、報導，吸引著人們來參與，擴大了休閒產業的發展；從農業、產業促銷的節慶，以及文化藝術的節慶、創新民俗祭典節慶，給本土藝術家帶來很多的生機，企業界也擁越於藝術的贊助以及自身產品的行銷，連帶給國家帶來世人良好的形象。地方新節慶的舉辦，因爲不緊是政府、寺廟、企業與藝術家的投入，也是一種全民文化的運動，其成效是文化的紮跟更落實，居民對當地的認同、參與感提高，也帶來了地方的繁榮，也有助於國家整體文化、經濟上的發展。2005 年，文建會更在各縣市既有的文化基礎上，整合行銷，規畫出「福爾摩沙藝術節系列活動」，期能提升節慶活動的內涵，畫出一張漂亮的臺灣文化地圖，此地圖掛在其網頁上。下文就來敘述水岸藝術的燈會企畫與活動：

〔註 176〕參見王淑端〈臺灣的節慶與祭典〉，《臺灣歷史與文化》，頁 202。
〔註 177〕陳柏州等著《臺灣的地方新節慶》，2006 年臺北遠足出版社。

活動一：火樹銀花慶猴年企畫

在今日的臺灣及國民政府在大陸時期，很多的民間技藝，如地方戲劇、雜耍、花燈等均在寺廟前舉行。在臺灣除了佛光山之外，其最著名的還有臺北的龍山寺，其每年農曆正月十五日會舉行花燈展覽，還有其他活動。〔註178〕這座寺廟不是純然的佛教寺廟，「主殿雖然供奉觀音，但在主殿之後卻祀奉天上聖母媽祖，所以龍山寺雖爲佛寺，但與地方信仰是混合的，由這層關係可以探索至其他依存關係，如與寺廟周圍販卒、與龍山寺夜市的互動關係，以及備受議論的西街居民生活形態所產生的特殊信仰方式。」〔註179〕從古以來，燈會活動本來就是一種節慶，配合著休閒、娛樂以及教化作用的活動，也促進了民俗技藝的發展，連帶也帶動地方生意的繁榮。時代在變，人們對習俗的熱愛不變，每年的元宵節政府以及寺廟都會忙著舉辦燈會活動，而燈會的場合不僅限於廟口，燈會的日期也不只是元宵當日。

一、活動目的

上元之夜，一稱元夜，又稱元宵，舊俗這一夜都有「張燈爲戲」，所以古人稱之爲燈節。在中華傳統藝術的領域裡，花燈是一門相當富有巧思，又具古色古香氣息的藝術品。花燈是元宵節的中心活動，民間稱爲「鼓子燈」。

元宵花燈種類很多，一般分爲「形象燈」如關刀燈、兔燈、水果燈等；另一是「民俗燈」，是根據民間故事編製，如楊家將、狀元遊街、桃園結義等。這些以民間故事爲主題的燈展，具有教育意義，表現出古人的智慧；而各式美輪美奐的花燈，更發揮了不同民俗藝術的技巧，將民間藝術深植人心。

而一般的花燈展示行之多年難免流於形式，因此本次展覽希望能於傳統的花燈形式之外加上較具創意的主題是爲——「濱海藝術燈區」。

人類文明的興盛，同時意味對於自然生態的喪失。在這個藉由科技傳媒重新創造新連結的場域中，我們不僅透過極富傳統氛圍的燈會場域，重新勾起人們對於「火」、「燈」溫暖意象的原始情感，同時延伸爲「光」藝術的變奏。將從自然界到人工世界的「光」，都嘗試成爲創作起點，以給予觀者一種多面向生活情感經驗納入的機會，創造一個體驗「光」的社會儀式性場域。

「濱海藝術燈區」意圖於整體燈會活動中，另闢一塊引人入勝的新空間、加強對於「燈會」的「燈——光——熱」所相對的「燈具——影子——體驗」

〔註178〕邢福泉，前引書，頁26。

〔註179〕楊國連等，《臺灣佛寺導遊（一）》「龍山寺」，頁27～28。

等課題的關注和身體體會的新環境，落實提供全國民眾有趣的、吸引人潮的燈會主張和做法。

二、辦理單位

1. 國立傳統藝術中心
2. 水岸藝術文化研發有限公司

三、辦理及展示時間

1. 約定時間：民國九十三年一月廿二日至二月廿八日止
2. 延展日期至五月三十一日止。

四、辦理地點

1. 第一期：國立傳統藝術中心園區內
2. 第二期：水岸藝術文化研發公司廣場

五、活動內容

（一）佈置規劃構想

1. 設計構想

國立傳統藝術中心的建築景觀具有傳統的意象美學，並且結合現代的功能與視覺美感，模擬早期庶民生活場景的同時，亦兼顧現代民眾接近傳統藝術的方便性。爲配合此一大意象，在節慶的氛圍裡呈現更完美豐盛的藝術饗宴，此次元宵燈會活動規劃分爲Ａ、Ｂ兩組Ａ組爲「形象燈區」——亦即「民俗才藝燈區」以傳統的花燈造型爲主。Ｂ組爲「濱海藝術燈區」——以放置猴年主燈及燈海藝術燈具。

2. 放置地點

Ａ組設置地點：分佈於三個地方分別是靠近小吃坊的水榭舞台、民藝古街及臨水實驗劇場。茲將一一敘述要點：

1、靠近傳統小吃坊的水榭舞台旁放置傳統造形的動物燈如：孔雀開屏、朱雀燈等……

2、民藝古街：兩側屋簷放置典雅造型的宮燈及圓柱狀的大布燈，如捧球童子、騎單輪車童子、倒立童子、轉盤童子、扯鈴童子、滾球鼓童子、持傘童子則懸掛在街道上方。

3、中央入口穿堂：將龍造型燈分爲三截置放，彷如飛龍穿牆而來。

4、臨水實驗劇場：將九條鯉魚裝置在水池的中央，彷彿魚兒躍出水面一般，而水中的倒影讓人有如幻似眞的感覺，更增加其可看性。

5、戲劇館廣場放置：楊家將

6、文昌祠廟埕：龍鳳呈祥燈等……

B組設置地點：

1、入口大門：放置三隻燈猴攀爬在「流動的雲」柱體上，或遠眺前方或倒掛或做調皮樣以吸引參觀民眾。

2、濱海路藝術燈區：目的在禁止參觀民眾將車任意停靠路邊妨礙交通順暢，遂以聖誕燈爲主結合現代與傳統造型之宮燈，由北區入口至南區出口約 500 公尺長，形同藝術燈海。

3、火樹裝置：由售票亭開始沿著傳藝大道進行聖誕燈及典雅造型的宮燈及圓柱狀的大布燈火樹造型。

（二）工作時程及預定進度

1/5～1/10 細部規劃

1/11～1/12 定案

1/13～1/20 施工製作安裝

1/22～2/28 約定展期

3/1～5/31 公司自行設置燈籠展示區以及企劃成果的展示活動。

（三）工作製作預算表：

詳如附件

（四）建議活動項目

1、藝術燈籠工作坊：爲時三個小時的課程，以藝術家及傳統藝師帶領學園或遊客創作藝術燈籠。

2、ＤＩＹ彩繪燈籠：結合駐點傳統藝師及店家以現成紙燈籠，或利用各種材質提供民眾現場報名，發揮創意。

六、檢　討

（一）經費預估近百萬元，後來追加經費至一百多萬元後，在運作上尚有不盡完善之處，大抵在所需材料上經費不足。

（二）燈籠製作精美，有很多遊客觀賞之餘，紛紛來購買。

（三）燈籠擺設雖美，但遇大風則有被捲壞的餘慮，所以在製作上要加以改善。

（四）整體上來說，此活動尚稱順利，創意不錯，但實質的運作有改善的空間。

活動二：2004 年光華乍現燈會活動

壹、前　言

21 世紀的臺灣，邁入以「後資訊」、「數位時代」為當代都會生活、產業的整體趨向。文化藝術在後現代文化階段也呈現出著重開放、溝通、交流、再創造性等發展方向。著名的媒體理論家麥克魯漢提出他的觀察：「電力過程」使得現代人心理意識和社會意識的結構，重新「部落化」。

當今社會，發生於公眾場域、大眾傳媒之前的事件，已經如同一場又一場的社會儀式，總是經過社會從公到私各層級的注目、不同程度的參與、包括漠視，即便是事件本身已經落幕，然而由於科技傳媒社會的層際效應，由事件核心所創造的意識趨向，早已或多或少、不同程度的滲透、烙印人心。

當代文化藝術在這樣的社會環境下，必然成為一種強調「再創造」、「再詮釋」的文化場域。因而，「2004 臺灣燈會」，提出以「光」為主題，進行一種常民文化節慶場域的再創造、再詮釋，成為文化政策的一種積極理念實踐，符應傳媒社會開放交流的總體需求。

人類文明的興盛，同時意味對於自然生態的喪失。在這個藉由科技傳媒重新創造新連結的場域中，我們不僅透過極富傳統氛圍的燈會場域，重新勾起人們對於「火」、「燈」溫暖意象的原始情感，同時延伸為「光」的藝術的變奏。將從自然界到人工世界的「光」，都嘗試成為創作起點，以給予觀者一種多面向生活情感經驗入的機會，創造一個體驗「光」的社會儀式性場域。

「光」本身無論是以自然界中的型態或文明的徵象出現，都是一種飽蓄能量的徵象。因而在總體場域及個別藝術家的創作中，我們將創造一個體驗「光」光明溫暖意象及當下數位時代光影傳媒多重面貌的場域。

以臺北縣在地文化，已具有過往豐富的當代藝術、科技藝術活動舉辦的生態基礎，藉此 2004 元宵燈節舉行充滿常民文化再創造、科技傳媒新詮釋精神的總體性藝術展演活動，自然是創造、匯聚數位時代儀式性能量的最佳時機。

貳、策劃理念

（一）創造「機會」更寬闊、靈活、有趣的總體觀感

「藝術燈區」的發想及規劃並非一味地以藝術做爲主體的思索，而是更爲積極、更爲針對性的立足於「燈會」這個嘉年華會的主體觀察所行使的研發作業。我們認爲在諸如「主燈」、「副主燈」、「燈海隧道」、「民俗燈區」或「小提燈」等燈節活動項目行之多年之後，難免流於「行禮如儀」般的規格化、形式化了起來！而更加靈活的可能型態在哪裡？那個苦苦追求、尋覓不得的「創意」在何處？

就現實處境而言：一個涉及整體燈節相關產業的總體提昇，必然地很難在一夕之間翻身——更何況，原本建立起的那個燈節的「傳統燈區」意圖於整體燈會活動中，另闢一塊引人入勝的新空間、加強對於「燈會」的「燈——光——熱」所相對的「燈具——影子——體驗」等課題的關注和身體體會的新環境，落實提供全國民眾另類的、有趣的、吸引人潮的燈會主張和做法。當然，這個意圖拉高燈會視野的主張和看法，絕對僅只是諸多可能性之一——做爲拋磚引玉的磚塊，我們願意先行前進——衝衝衝！

二、以「遊戲／互動」型態體驗「光」的魅力及深度

藝術家的「異於」常人的想像力及創造力時常超乎意表、耐人尋味。於燈會邀請藝術家參與，就過去燈節或傳統花燈產業的既有體質及產能而言，必能引發一定程度的參照作用，爲未來的燈節、花燈產業創造有別於從前的實做空間。

受邀藝術家參與藝術燈區活動製作作品，提案策展單位規劃藝術家特別在作品構成內涵，大大的加強「遊戲性」及「互動性」的內容：也就是每件作品都將是一件歡迎民眾進場遊戲、與民眾互動關係十足的作品。也就在嬉戲、熱鬧、愉悅當中，自然地接收、體驗著藝術家所要傳達的關於「光的奧秘及奇妙」的創作理念。

三、「新新新人類／兒童」為藝術燈區的主要訴求對象

當然，並非藝術燈區拒絕、排擠成人民眾的參觀。眞正的意思是：藝術家在製作作品的過程，有些作品是藝術家獨自完成，有些作品會邀請兒童、年輕族群共同製作完成，而通常「愛玩」的年齡層應該正是這個世代吧？對於「遊戲型／互動型」的藝術作品，我們預估最先下場／進場參與的對象恐怕正是這群動感十足、以身體直接反映帶動身體力行的世代吧！我們策略是，先引進了這群參與者，創造了展場的熱鬧氣氛及景象，也該是大人們進場的時候了。而且我們並沒有忽視「親子遊戲互動」的群眾代的心理，這部份也有巧妙的規劃。

四、藝術燈區邀展作品的發想與原則方向

1、藝術作品本身會發光，創造出視覺的特殊效果

2、作品藉由光的體現，呈顯獨特的藝術形象、文化意涵

3、作品對於燈光或花燈提出特殊的、有趣的見解或主張

五、藝術展覽主題方向

1、從數位科技創造光影新形象

2、從自然意像創造環境新景觀

3、從大眾傳媒創造文化新連結

4、從冥想體驗創造個人微時空

5、從常民民俗創造身體新場域

六、觀眾定位

（一）觀眾分析

只要時間與交通配合，主題與活動內容夠吸引力，輔以宣傳得宜，一般縣民甚至設籍外縣市的民眾對北縣內大型節慶活動參與意願都很高，故觀眾分析的重點不在吸引人潮，而在如何因應不同的觀眾群規劃活動與展覽內容。

以過往的經驗來看，很難以年齡、教育程度、職業等基本資料明確釐清觀眾屬性，只能依同遊者的關係概況分類為家庭群體、同儕群體、情侶結伴與個人等類型。簡而言之，燈節的觀眾群年齡層涵括老中青三代與社會各階層人士，雖然彼此參與的動機雖不儘相同，大體上仍以休閒娛樂為主。

（二）觀眾設定

雖然現今社會節慶氣氛已漸淡，傳統上這仍是闔家團聚的時刻，家庭群體理應為參與燈節活動的主力。展覽與活動之規劃均以小學程度以上可理解為基本標準，可拉近與觀眾的距離亦能寓教於樂，這與家庭群體的觀眾設定不謀而合。而另一方面，家庭群體亦是涵概面最廣、組成最多元的觀眾群。

（三）觀眾與藝術燈區的互動

家庭觀眾扶老攜幼一同出遊吃吃喝喝的熱鬧情境，是此次燈節可以想見最尋常的畫面，到了藝術燈區則是另一番場景。此次展覽視為一可研發、創新與互動陳列空間，觀眾雖非為看藝術作品而來，但到了這個區域卻有另一番不同的體驗，與外界隔離的黑盒子的場域，單純即用燈的光、熱、影創造出無限體驗的可能。觀眾依序排隊入內，從排曾隊管控參觀人數維持觀賞品

質，再則藉由排隊讓觀眾可調整原本喧鬧的心情，靜下心仔細體會由燈而光的過程中的奧妙與神奇。

就觀眾而言，藝燈區不過是此次嘉年華繞境的一個區域罷了，它未曾是參觀的目的；就策展人而言，這卻是燈會參觀儀式過程中的最高潮，從傳統技術的民俗色彩與大眾流行的玩偶造型中另闢谿徑，創造出燈會形式的另一個可能，觀眾跳脫以往參觀的經驗，重新體驗燈節活動不同的趣味。藝術燈區的間段，象徵著人、空間、事件三者無限轉寰的可能，它是一個中介角色，亦代表著朝往下一個不同階段的完成。

藝術燈區雖以藝術家創作為主體，就設計構想上每件作品均強調它的「互動性」與「遊戲性」，觀眾不會因為看不懂而有壓力，產生疏離感，經由身體的感覺體驗環境光影的變化，毋需言語，婦儒皆可解。

觀眾設定為家庭群體，可看出原則上活動仍以一般人為主力觀眾群，這樣的定位常因無一共同注意的焦點而流於形式，一般家庭感覺上似乎人數眾多，其實是隱形。藝術燈區正可作為燈會活動聚焦的軸心，凝聚人潮，作為活動圓滿的結尾。

參、活動架構及場地規劃

一、活動架構

1、藝術家創作燈區

2、親子互動藝術燈區

3、動態活動規劃

4、展覽推廣及教育活動

二、場地規劃

為配合燈會主燈所創造的龐大參觀人潮動線，並顧及藝術燈區所應擁有的空間獨立需求，特別將「藝術燈區」規劃於主燈邊緣，又適宜進行藝術展覽及欣賞的區域。

1、主燈旁廣場靠縣府大樓邊緣位置—規劃為藝術家創作燈區

2、沿著縣府大樓與廣場間之「雨廊」空間—以不完全阻礙行進動線為原則，劃為藝術家創作燈區

3、廣場旁花園步道及日晷設施場地—規劃為親子互動藝術燈區

4、縣府大樓大門前緊鄰馬路邊人行道上—規劃一件藝術家創作燈區作品

5、縣府大樓側邊巨大牆面—規劃一件藝術家雷射投影科技藝術作品

6、縣府大樓靠中庭ㄇ型玻璃牆—規劃一件藝術家作品

7、動態活動及教育推廣活動則以廣場邊緣沿藝術品展場區域進行

肆、活動內容說明

〈藝術家創作燈區〉

1. 策展人：楊智富（自由工作者）

王品驊（藝術工作者）

2. 主題名稱：光華乍現-2004 臺灣燈會藝術燈區

3. 策展理念

「光」的運用及展現，象徵著人類文明發展的階段性及豐富性。從原始文化的火的發現，到文明中期以各種油燈、燭光照明，乃至工業革命、城市文明興起，光亮耀眼的電氣燈、電燈點亮了城市生活之後，人類世界眞正成爲日夜不間斷的嶄新面貌，社會知識水平的提高、現代科技資訊一日千里的成就，無不仰賴這寶貴的灼灼光華所賜。

當代文化藝術在這樣的社會環境下，必然成爲一種強調「再創造」、「再詮釋」的文化場域。因而，提出以「光」爲主題，進行一種常民文化節慶場域的再創造、再詮釋，成爲這項邀請藝術家、民眾共同參與的展覽的一種積極理念實踐。

人類文明的興盛，同時意味對於自然生態的喪失。在這個藉由科技傳媒重新創造新連結的場域中，我們不僅透過極富傳統氛圍的燈會場域，重新勾起人們對於「火」、「燈」溫暖意象的原始情感，同時延伸爲「光」藝術的變奏。將從自然界到人工世界的「光」，都嘗試成爲創作起點，以給予觀者一種多面向生活情感經驗納入的機會，創造一個體驗「光」的社會儀式性場域。

「光」本身無論是以自然界中的型態或文明的徵象出現，都是一種飽蓄能量的徵象。因而在總體場域及個別藝術家的創作中，我們將創造一個體驗「光」光明溫暖意象及當下數位時代光影傳媒多重面貌的場域。

4. 展覽主題方向

（1）從數位科技創造光影新形象

顧世勇〈星光燦爛〉數位影像互動裝置

王德瑜〈NO.52〉雷射複合光源裝置

（2）從自然意像創造環境新景觀

楊茂林〈水果超人〉雷射影像裝置表演

楊春森〈綠光〉發光體造型裝置

（3）從大眾傳媒創造文化新連結

可樂王〈愛麗美光芒四射簽唱會〉聲光影像裝置及表演行動

（4）從冥想體驗創造個人微時空

李民中〈寂靜之光〉空間裝置

（5）從常民民俗創造身體新場域

簡明輝〈光之步道〉戶外複合媒材裝置

（6）從藝術精神場域激發文化符路意象

程文宗〈戲弄燈趣〉整體展場空間規劃

5、邀展藝術家及作品介紹

顧世勇（專長觀念及新媒體、空間裝置藝術）

程文宗（專長觀念及空間置藝術）

楊茂林（專長平面及造型多媒體藝術）

王德瑜（專長互動式空間觀念藝術）

李民中（專長平面及空間造型藝術）

可樂王（專長影像及空間裝置藝術）

楊春森（專長造型及空間裝置藝術）

簡明輝（專長空間裝置藝術）

伍、募款計畫及成效

一、募款策略

1、限　制

目前經濟的景氣尚未復甦，因此有關於大筆的募款並不容易進行，尤其以一個大型燈會活動，藝術燈區部份畢竟非主燈等大型重要主要標地，許多大型廠商初步接觸結果意願雖有但較具有選擇性以及策略性思考，因此小型廠商反而是這次主要的募款標地。

2、目　標

以小型廠商店家尤其是板橋附近的爲主，而更精確的鎖定第一波爲可能與此燈會活動有關的相關廠商爲直接募款的對象。第二波再鎖訂燈會現場附近的店家企業爲主。

3、實際成效

初步接觸結果果然大型廠商較不易接洽，而相關中小型廠商的反應則較爲直接且正面，使得成本得以直接下降，但由於時間較短而且尚未有更近一步具體的細節及預算掌握時許多細節仍得繼續確定下來。

二、實際及預估成效

支　出	項　目	目標廠商或企業	成　效（預估）
1.展覽製作	材料費用	1.運輸部份 2.租借器材部分	和翔卡車運輸公司
2.出版品	印刷美編 光碟製作 說明摺頁 成果專輯	1.印刷廠 2.設計公司 3.編輯	日動印刷廠 300,000（已確定） 舞陽美術設計 200,000（已確定） 齊宣設計工作室 100,000（已確定）
3.保險	保險費	保險公司	100,000（已確定）
4.行政管銷	人事費	行政雜支	除了稅負外 水岸藝術公司捐 100,000（已確定）
5.活動	材料製作	活動商家	全虹手機通訊行 200,000（洽談中） 彩逸美術社支援材料 600,000（最後確認中）
6.總計			確認 1,800,000 最後確認中 800,000=2,600,000

陸、工作團隊介紹

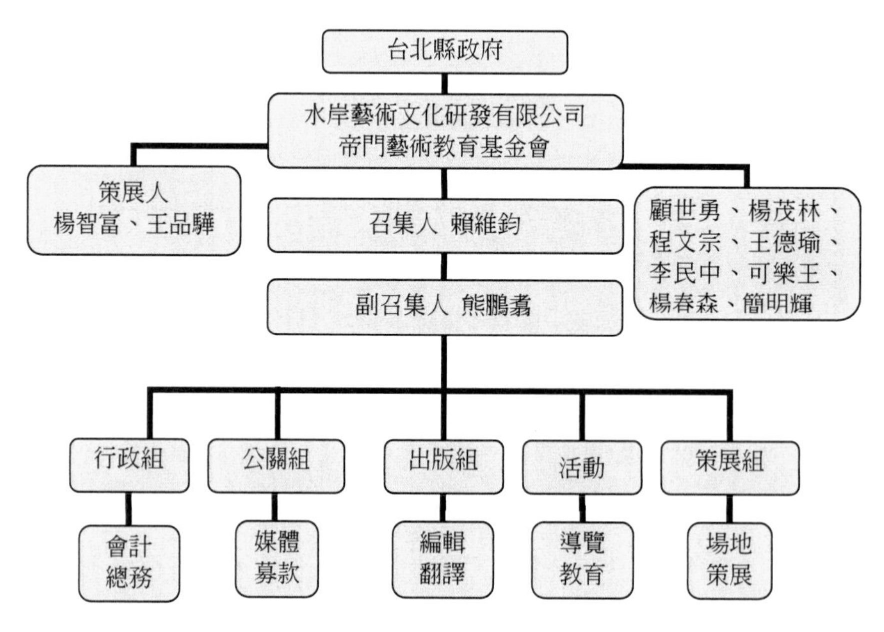

柒、水岸藝術文化研發有限公司

水岸公司，是賴建成君的道友簡先生與鍾女士夫婦所創立的，簡先生學西畫出身，鍾女士諳於國畫。兩人醉心於收集古物藝品，還有公共藝術的設計，交遊圈大都是藝術界以及藝品企業家，友朋甚是廣闊，常往來交換所得。多年來鍾先生結合了一批藝術家與技工，從事於公共藝術的工程製作以及展覽，爲了招標全省跑透透。以下是他們對外的簡介：

「水岸」的意思，包含了征服寬廣的水域的雄心也腳踏實地的靠岸經營，水岸結合了一群資深的文化藝術工作者，其專業的面向包含有文化行政公部門的經驗，代表其對於公部門的政策計畫施作並不陌生，當然也包含了藝術評論寫作、公共藝術執行、及廣泛的國內外藝術家策展經驗等專業的組合。在公司組成前，我們平均在業界的資歷均在 15 年以上，因此雖然「水岸」公司成立才數個月，就已經承辦了「臺北縣宗教藝術節——關公武聖文物展」、「宜蘭傳藝中心入口意向公共藝術設置案」、「2004 年礁溪溫泉節藝術裝置規劃」等設置案。未來「水岸藝術文化研發有限公司」的發展方向，志在於提供專業的展覽以及文化事務的服務，以深耕臺灣文化創新研發，進行區域連結進而向國際進軍是我們的志向，藝術家是我們的夥伴，企業家是我們合作的對象，政府的政策理想我們就是最理想的實踐者，在文化創業蔚爲風潮的同時，我們以身體力行付出我們的青春歲月在所不惜，因爲我們相信唯有以企業化的精神鞭策自己，有效率的結合文化藝術深厚的力量服務社會，不僅造福了人群也實踐了自我，相信這是雙贏的局面，也是我們努力往前的目標。

圖 5-1　社教活動

圖 5-2　臺灣的進香信仰

圖 5-3　本土密宗的活動

圖 5-4　宮廟藝術

圖 5-5　密法招財

圖 5-6　供密宗財主

圖 5-7　廟會活動

圖 5-8　土地公與土地婆

圖 5-9　宜蘭壯圍神壇

圖 5-10　靈乩及獨特的乩文

圖 5-11　民宅供奉土地公

圖 5-12　龍山寺與學術

2009 觀音學術研討會

會議論文

圖 5-13　中台山的親子活動

圖 5-14　金寶山的塔位

圖 5-15　神佛合祀

龍山尋源 3

寺內所供神明系列- 媽祖

圖 5-16　社區的普度活動

圖 5-17　廟宇與農民曆

圖 5-18　佛教與民間信仰

圖 5-19　紹綺的小財神

圖 5-20　語喬的財神爺

圖 5-21　佛堂的莊嚴

圖 5-22　神壇的陰森

圖 5-23　信生肖還是觀音

圖 5-24　寺廟的籤文

圖 5-25　新年同祈願

第六章　臺灣神秘的宗教街頭舞者
——新莊地藏庵俊賢堂官將首團及其藝陣活動

提　要

道教在中國，在教理上不敵佛教，而倡道佛一致，〔註 1〕如是道教如同儒家有佛教化的傾向，然道教也有其獨特發展上的風格；其中最突出而不同於佛教的是信仰神，人對神的祈求，表現在儀禮與廟會活動、神壇的信仰之上。道教在民間的俗化，〔註 2〕也助長了民間信仰的發達，民間信仰的活動表現在廟會上，就存有道教的習俗與巫術成份。關於臺灣的民俗廟會，吳遐功在〈臺灣的民間信仰〉文說：「一整年中鑼鼓喧天絡繹於途的民俗廟會在全臺不斷地粉墨登場。諸如，迎神請神、陣頭遊行、元宵蜂炮、炸寒單、中元搶孤、放水燈天燈、鑽轎腳、過平安橋、過火、神豬大賽、野台戲酬神等。臺灣素有『三月瘋媽祖、四月迎王爺、五月瘋城隍』之諺語，因此媽祖遶境、燒王船與城隍爺出巡自然成爲臺灣民間信仰中最具有代表性、也爲最重要之民俗廟會活動，而各式陣頭稱得上是使得這些廟會更家生色的化妝師了。」〔註 3〕

〔註 1〕小柳司氣太著、陳斌和譯《道教概説》（民國 55 年，臺灣商務印書館），頁 55。

〔註 2〕窪德忠著、蕭坤華譯《道教諸神》「道教現況——中國臺灣與東南亞」，頁 11。

〔註 3〕劉燕儷等編《臺灣歷史與文化》，頁 182。有關臺灣漢族移民的宗教信仰，參見葉振輝《臺灣開發史》（民國 94 年 7 月，普林斯頓國際有限公司），頁 175～182。

在臺灣傳統民間信仰常見的廟會活動中，往往夾雜著五彩繽紛的各式藝陣，不管廟會規模大或小一定會有藝陣隨行，很少只有神轎獨行而無藝陣開路的畫面出現。在藝陣中，家將團的出現往往讓人有既嚴肅威風又神秘的感覺，其威猛中帶著狂步急奔常使圍觀群眾嚇的落荒而逃，但大多數信徒在驚嚇過後依然對臺灣的家將文化一無所知。八家將與官將首，兩種雖都列為家將，卻是不同陣頭，民間鄉里一見開臉的人就直呼八家將，實為以訛傳訛之舉，應加以判別區分。

以臺灣而言，發源於臺北且具有家將身份的特殊藝陣有三種，分別是新莊地藏庵大眾廟首創的官將首，臺北大稻埕霞海城隍廟獨創的八將團，北市萬華區俗稱艋舺地區之青山宮八將團，甚至由青山宮八將團所衍生的三重城隍廟八將團……等，都是比較代表性的家將團，雖然其將團名稱有時相近重複，但仍不影響其家將特性。以臺北縣而言，官將首是近年來活躍於北臺灣各小型廟會婚喪喜慶場合的陣頭表演，民國初年興起於臺北縣新莊市的官將首，在資歷上雖然還算年輕，但卻是臺灣上百種藝陣中唯一從臺北縣所創的官將首，最先是由新莊地藏庵開始流傳。

本文共分為五個單元，「前言」概述臺灣的家將團、俊賢堂官將首團的成立及其重要性。第二單元是「八家將」，內容包括它的起源、成員與禁忌。第三單元是「地藏庵及其官將首」，內容包括地藏庵的歷史、官將首團與八家將之別、官將首服裝、法器與樂器介紹、禁忌、平安符與鹹光餅。第四單元是「宗教藝術節慶」，內容是述說廟宇與宗教藝術節的關係，當中陣頭是不可或缺的一個重要環結。最後是「結論」，述說民間藝能與廟會活動、官將陣頭的崛起以及新莊地藏庵的重要性。

關鍵字：廟會、陣頭、八家將、官將首團、禁忌、宗教藝術節。

一、緒　論

在臺灣，陣頭是廟會中最能代表庶民生活，與反映在地文化的民俗活動。無論是規模大小的迎神賽會，都有著多彩多姿且頗受側目的陣頭，這些陣頭伴隨神明出巡護駕，除了具祛邪招福的功能之外，更能匯集人氣，營造出如嘉年華會氣氛的效果來。臺灣廟會慶典中，家將團因為特有的神秘與威儀，通常會是整個活動的焦點所在。尤其是分別起源於臺南、嘉義的什家將及八家將團，不論在組陣數量或者是表演成熟度各方面來說，都堪稱是家將界的標竿。加上東港地區特有的而又是五花十色的各式聖將團，在南臺灣家將文化發展上扮演著龍頭的角色。而北臺灣雖有全島知名的大稻埕霞海城隍廟、萬華青山宮廟會，及其自創的八家將團，但是後來因習藝者不多，影響力一直不出北臺灣範圍。直到俊賢堂官將首團成立後，這種南北不平衡的現象才有所改變。

官將首陣的基本家將人數，一開始是兩人，後來增家爲三人，組陣簡易，在生活節奏繁忙、難以糾集出陣人員的現代社會，很快就成爲廟會新寵。民國 80 年以後，官將首團數目大幅增加，從北到南，各地都有官將首團的組成，目前全臺的官將首陣團，至少在一百團以上。因此新莊地藏庵除了香火的興旺、遶境的盛大，而成爲北臺灣重要信仰中心之外，現代更因爲官將首陣的創發與傳衍，在臺灣家將發展史上，扮演著北臺灣重陣的角色。〔註 4〕隨著政府宗教藝術節慶活動的推展，地藏庵的官將首團藝陣更顯出其在鄉土文化傳承、社群組合與寺廟文化之互動，以及民眾信仰、休閒與觀光方面，都具有其相當的重要性。

二、廟會與八家將

（一）起　源

「陣頭」是臺灣廟會的一大特色，這些陣頭多是信徒爲了向神明還願，或爲祈求平安而請，絕大部份都是要技逗趣。但是有一種陣頭，卻與一般耍寶性質的陣頭大不相同，以一種嚴肅神秘的舞蹈來吸引群眾，那就是陣頭中最引人注目的八家將。講到八家將的由來，一般都認爲與五福大帝有密切的關係；或說是五福大帝的部將，或說是五福大帝所降服的海盜。不過可不是五福大帝才有八家將，舉凡五府王爺，媽祖，城隍，關帝都常見到八家將的陣頭。

所謂五福大帝，其實就是五方瘟神，也就是青袍顯靈公春瘟張元伯，紅袍宣靈公夏瘟劉元達，白袍振靈公秋瘟趙公明，黑袍應靈公冬瘟鍾仕貴，與黃袍揚靈公中瘟史文業，合稱五靈公。五福大帝與五府王爺的傳說，其實大有淵源。

〔註 4〕林琪雯、簡明輝《新莊大熱鬧——2001 年臺北縣宗教藝術節》「北臺重陣新莊地藏庵」，頁 112。

「八家將」的起源，根據學者對於傳說和文獻考證歸納，大致有五種說法：一、大洞天眞君下凡，轉世作爲「五福大帝」的部將。二、清末「五靈公」的部將爲臺南軍營除瘟。三、大戶人家的家丁或清代縣衙巡捕審堂體系神格化而來。四、地藏王菩薩的部將。五、城隍所收服的山賊或「城隍十二爺」的脫胎。上述的說法中，以第二和第五兩種最富故事性內容和臺灣民間信仰的傳奇色彩，成大歷史系石萬壽教授相對地堅持第三種說法較具有嚴謹的考證基礎，不過許多學者同意他與「五福大帝」有密切的關係。

因爲許多資料顯示，臺灣最早的八家將，是由臺南府城的「白龍庵」所發展出來，他的主神就是福州籍官兵所迎來的「五靈公」，後來漳、泉民眾爲祀奉方便，又從白龍庵另迎神位至「西來庵」，日據時期因發生西來庵抗日事件，遭日軍封鎖並禁祀，民眾又偷偷迎出改稱「五福大帝」祀奉，其後逐漸南傳高、屏，並經嘉、雲而漸次北傳，至今約有一百多年的歷史。雖然許多廟宇，如城隍廟、王爺廟、地藏王廟、嶽帝爺廟等等，都有「八家將」團的依附，但基本上，他們都是由「五福大帝廟」所衍化而來，這一發展的軌跡，可以視作八家將「角色擴散」的結果，而正好與八家將信仰由南北傳的社會現象，及其本土化信仰的特性有一致的因果關係。

（二）成　員

「八家將」基本的成員是指甘、柳、范、謝四爺稱「四將」，及春、夏、秋、冬〔何、張、徐、曹〕稱「四季神」，加起來合稱「八將」，而組織結構較爲嚴密完整的爲 13 人陣，即：(1) 什役 (2) 文差 (3) 武差 (4) 甘爺 (5) 柳爺 (6) 謝爺 (7) 范爺 (8) 春神 (9) 夏神 (10) 秋神 (11) 冬神 (12) 文判 (13) 武判。他們的發令程序大致是：主神下令→文差接令→武差傳令→范謝捉拿→甘柳刑罰→四神拷問→文判錄供→武判押犯。

「八家將」雖名「八家」，實際上成員頗不一致，有 4 人、6 人、8 人、10 人、12 人成陣，演變至今甚至有 16 人，甚至 32 人成陣的都有。所以有些團不稱「八家將」，而稱「什家將」，更有改稱爲「家將團」，以含蓋所有的陣團。不過，民間習慣上還是都稱作「八家將」，主要是他的「主角」還是八將，這和前述的來源傳說與歷史典故有關，但其主要家將仍爲前述 8 位。

八家將操演的主要內容係由范、謝將軍〔即七爺、八爺〕執行捉拿，甘、柳將軍執行刑罰，再由四神拷問，故操演時常顯現瞠目怒視，加上其裝扮頭戴盔帽、臉塗五顏六色圖案（事實上臉譜的畫法有典故和儀制規定）、身穿道服（外手在肩上，內手在腋下）、腳著草鞋（套襪、繫鈴）、外手執扇（黑、白、紅、花皆有）、內手拿令牌、魚枷、蛇棒、戒棍、火盆、木桶、鋸刀、法扇、黑旗、瓜錘等法器，有些更爲顯威嚴而手持前述法器敲打身體，致鮮血淋漓，讓人見而畏懼。但亦因臉部塗五顏六色圖案，威風凜凜，深受部分年輕人喜愛。

操演之前的家將，都需先行化裝，即所謂「開面」，開面之後就不可以吃葷，也不能隨意交談、說笑，以免遭神譴。當陣勢排開以後，也就是操演開始，所有成員都搖頭晃腦、瞠目怒視，左右擺動。這時特別忌諱「閒雜人等」亂竄接近，尤其更嚴禁婦女從中穿過。實際上八家將操演的主要內容是擒拿罪犯，因此有攻擊、有圍捕，行進時必走「虎步」（即八字步），擺動雙臂和法器，以製造威勢、壯大陣容，產生震嚇之功；至於圍捕陣法則有「踏四門」、「走七星」和「八卦陣」等。

圖 6-1　八家將的基本陣型

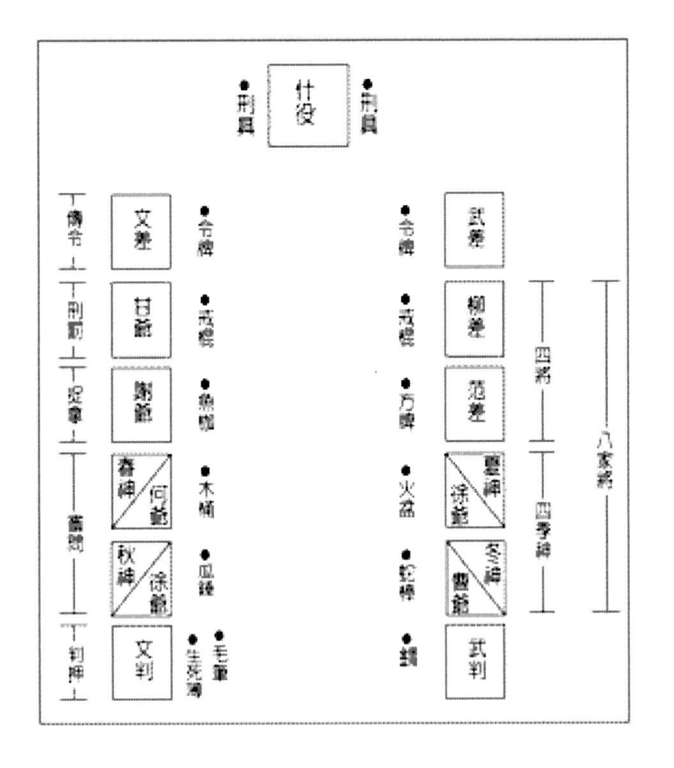

（三）禁　忌

要跳八家將，有所謂的禁忌。1、出將的前一個禮拜不得吃肉、不可喝酒及吃檳榔和抽煙、不得去觸碰女生，以免遭到天遣。2、臉打好的時候出去不得說話，要敬到做神的本分。3、出將時看到喪家要用扇子遮臉。 4 、出將時不得讓孕婦靠近。〔註 5〕早期的八家將定規非常的多，如在出陣前的三個月左

〔註 5〕 前引書「家將傳奇——神爺出尋永世太平」，頁 22～39。另見黃文博《臺灣信

右，就要在廟中練習，吃齋淨身，不可近女色，更不可有抽煙賭博的現象，我們可以想像當年福州籍的官兵奉迎家鄉的五福大帝來臺，每每在迎神廟會之時親身扮演五福大帝駕前的神將出巡，其戒慎嚴謹的心情可想而知，故其必須要遵守的條規會如此的多亦是很自然的，只可惜今日常不復見，這些嚴格的條規到了眞正出巡當天會更加嚴苛，出巡當天只要臉譜一畫上就不可開口說話，也不可隨便蹲踞，要吃東西或飲水則必須以扇掩面，更不可隨便脫離隊伍，或有嬉戲打鬧的情形。

在臺灣的法會中，很多都有家將陣頭，如臺南下營的廣法會，〔註6〕唯獨觀音法會沒有八家將與乩童。〔註7〕現代人逐漸把家將文化當成是一種藝術，臺北捷運蘆洲線年底行將通車，行天宮站有寺廟意象。林秀姿在報導文中說：「捷運局表示，搭配行天宮的宗教風情，站內公共藝術特別採用趨吉避凶的八家將臉譜、瓦當、窗花，以及廟門的文化意象交融呈現，當旅客在站內走動時，可以感受到作品各區段的變化。」〔註8〕

三、地藏庵及其官將首

（一）地藏庵

關於地藏庵，徐明珠在〈父母疼細仔皇帝疼奸臣〉文中談到新莊宮廟時說：「另外還有大眾廟、地藏王廟，兩廟連成一片，香火極盛。大眾廟供奉閩粵械鬥、章泉械鬥亡人的靈魂。地藏王廟庭園裡，橫臥很多大塊石材，那就是拆毀的林本源『積善餘慶』牌坊的遺骸。」〔註9〕地藏庵創見於乾隆 22 年（1757），俗稱新莊大眾爺廟，奉祀貧病路倒屍骨的文大眾爺，以及械鬥兵燹亡魂的武大眾爺，並且奉地藏王菩薩爲主神，象徵對這段篳路藍縷過程的慈悲與超越。建廟之後，香火日盛，迄至民國 79 年數度重修，奉祀神明也大爲增加，有觀世音菩薩、目蓮尊者、十殿閻羅、董大爺、福德正神、增損兩將軍、謝范兩將軍，廟旁並建有圖書館及活動中心。〔註 10〕新莊地區，早期有

仰傳奇》，臺原出版及社永春民俗技藝館。

〔註 6〕〈臺南下營遶境八家將〉，http://www.wretch.cc/blog/amy212183/27705487，「Noton 部落格」2010 年 6 月 5 日。

〔註 7〕葉振輝《臺灣開發史》（民國 94 年 7 月，普門斯頓國際有限公司），頁 179。

〔註 8〕林秀姿〈捷運新莊線行天宮站亮相〉，《自由時報》2010 年 3 月 9 日。

〔註 9〕徐明珠整理、林衡道口述《林衡道談俚語》（民國 85 年 3 月 1 日，《中央月刊社》），頁 242。

〔註10〕林琪雯、簡明輝《新莊大熱鬧——2001 年臺北縣宗教藝術節》「北臺重陣新莊

慈祐宮、武聖廟，在信仰圈與香火興旺方面，很是鼎盛的，非地藏庵可以比擬。到日治中期以後，地藏庵才眞正成爲新莊乃至於北台信仰的中心，這個轉變的發生有一個重要的原因，那就是地藏庵在大正元年（1912）開始舉辦大眾爺暗訪、遶境活動，並且組織俊賢堂來負責這個事務。〔註 11〕

日治以來，一方面因爲民眾受到戰亂、疾病的威脅，讓新莊人想要透過暗訪、遶境儀式綏境安民；一方面也因爲鄰近臺北市，不論是大稻埕霞海城隍廟，或是萬華青山宮的慶典活動，都辦得有聲有色，熱鬧非凡，更讓新莊人決心建立自己的信仰與慶典中心，和臺北人一較長短。大正元年，就由新莊街、中港厝庄、頭前庄頭人取得了共識，開始每年的暗訪、遶境活動。而俊賢堂會眾很多，組織嚴密，除了籌措每年遶境事務所需資金、安排遶境路線、邀集參與遶境儀式的各式神轎、藝陣，本身也設有北管及家將組織，直接參與活動。尤其是家將組織方面，俊賢堂的家將團並不是一般較常聽聞的八家將，因既然組陣目的是要護衛大眾爺及地藏王菩薩出巡，家將角色當然選擇地藏王菩薩駕前部將，於是創發了以增、損將軍爲成員的官將首團。〔註 12〕

（二）官將首團

官將首相傳爲新莊地藏庵（大眾廟）所發展出來的陣頭，現在流於北部一帶的廟會中。據老一輩出陣人士說:新莊地藏庵的官將首，曾受三重城隍廟清仔師父的指導，經由清仔師父的指導改良下，官將首的表演更具藝術性，由於清仔師父有「大戲」的底子，使官將首更具中國傳統戲曲的影子。增損二將軍是爲青面增將軍與紅面損將軍的合稱，又稱官將首。相傳兩將軍原爲危害人間的魑魅，後來被地藏王菩薩的佛法所懾服，便成爲地藏王菩薩的駕前護法，奉旨庇蔭民間。也就是說官將首最早是由兩個人所扮演的，後來由於美觀的一些因素，便將陣容增加人數增加到三人，到後演變成今日的3、5、7、9、13、15 等奇數人員，目前以五人或七人成陣的官將首陣爲最常見。新莊的官將首有陰陽司官，虎頭鍘及引路童子一起出巡繞境,這也是特色之一。出巡時，面畫臉譜（底色主要分爲青、紅、藍），手持三叉戟、

地藏庵」，頁 109。

〔註 11〕康豹〈日治時期新莊地方菁英與地藏庵的發展〉，《北縣文化》64 期，2000 年 3 月。

〔註 12〕林琪雯、簡明輝《新莊大熱鬧——2001 年臺北縣宗教藝術節》「北臺重陣新莊地藏庵」，頁 111。

手銬、火籤、虎牌等刑具，身上會掛鹹光餅→（平安餅），經由法師開光便出巡。

（三）與八家將之別

八家將與官將首是以動作化分：民間的八家將動作陰柔，但官將首的動作則是屬於陽剛，其實最簡單的分法，可以手上的道具及團的人數作區別，官將首以文差、武差、謝將軍、范將軍、甘爺、柳爺春夏秋冬四季神所組成的。官將首最常見到是屬於一般性陣頭和接駕。新莊每年五月初一的新莊大拜拜除地藏庵官將首外亦聚集許多官將首的團隊，極具參觀價值。其實官將首由增損二將軍化三尊（主要是由增將軍分出：爲一損二增），這都具有許多特殊原因和具說明性的：

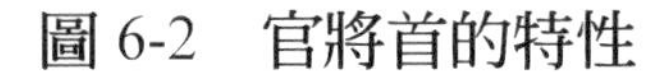

圖 6-2　官將首的特性

（1）三人比二人較容易有陣形的變化。（2）二人長短兵器不同演起陣式來不易配合。不具協調性，主要特性分三種：（1）損將軍和其分身大多以對角方式變換陣形。（2）在面譜及兵器上都具相似和對映性。（3）面譜的顏色不同，不管面譜如何變化，服裝上仍保留爲紅色。

官將首和八家將不同的，除了動作陽剛與陰柔的分別外，在步伐亦以「三敬三退」（三步三步）爲基礎，其實官將首是沒有所謂的布伐，是傳統一貫的特色。新莊地藏庵所保有的不只是官將首的傳統內涵和意義，並且在儀式上維持傳統。在文武大眾爺出巡時，傳統的「喊班」儀式，點校眾兵將，是新莊地藏庵的特色。今日許多團體以沒有傳統的開光儀式，也沒有請神護身的程序，所以也就失去了其中的特色及意義。

三人成陣之官將首陣，其主要成員爲中間神將，俗稱爲『鬼王』，通常手持『三叉』之法器；另外二人則爲『左右小差』，大邊者手持『虎牌』法器，小邊者手持『焱焰』法器。若爲三人以上成陣者，則多了數位手持法索、法刀、宮燈、雨傘、扇子等之護衛小叉。天師鍾馗陣，亦爲五人成陣之官將首陣，因爲鍾馗神格較高，一般之官將首陣見之通常不會將獠牙往上翹，否則會被視爲有挑釁之嫌疑。十三人成陣之陣頭，通常稱爲十三太保陣，其成員較多，但成陣之意義與前述相同。

（四）官將首的角色

官將首主要的角色以增損將軍爲主（由二人增至三人），後來又增加了差役（二人），故而由二人團增加爲五人團，但新莊地藏庵的官將首團另外增加了陰陽司官、七爺八爺、虎爺將軍與引路童子等配角。謝、范將軍：就是我們常看到一高一矮、一黑一白的七爺八爺。一般人對七爺八爺的印象只是追拿罪犯，但是在官將首內卻是先鋒的部隊呢！

增、損將軍：它們本來是危害人間的妖怪，後來被地藏王菩薩收服之下，成為他的左右護法。增將軍以綠臉武將為造型，手拿三叉及令牌。損將軍則以紅臉武將為造型，手拿火籤及虎牌。虎爺將軍：在民間信仰中，虎對人來說是種既尊崇又懼畏的動物。相傳保生大帝曾幫猛虎治喉鯁，所以在保生大帝的神桌下常可看到有供奉虎爺。虎爺臉繪黃色虎臉，肩扛虎頭籤，並與引路童子一起行進，所以虎爺也具有引路開道斬凶除惡的功能。

圖 6-3　虎　爺

另有陰陽司官，它是監察陰陽兩界，又跟文武大眾爺的職責很類似，所以官將首就將陰陽司官來代替幽冥的地藏王菩薩和文武大眾爺來發號司令，成為官將首中官階最大且重要的成員。此外，官將首在喊班點名時，所頒發或收回的令旗、牌，如在請令或繳令時，還得單腳跪下以表示尊崇，這些都是代表陰陽司官地位崇高具有權威性的例子。

圖 6-4　陰陽司官

而差役，與八家將的甘柳將軍角色很類似。他們手拿戒棍，當他們在揮舞時所發出的聲音，就具有輯凶拿惡的功能。

（五）官將首服裝

1. 假眉、鬚角：材質是用塑膠鬢毛綁製的。它只是一種裝飾臉譜的服裝道具而已，但是它能使臉譜具有立體感。

圖 6-5　配飾物

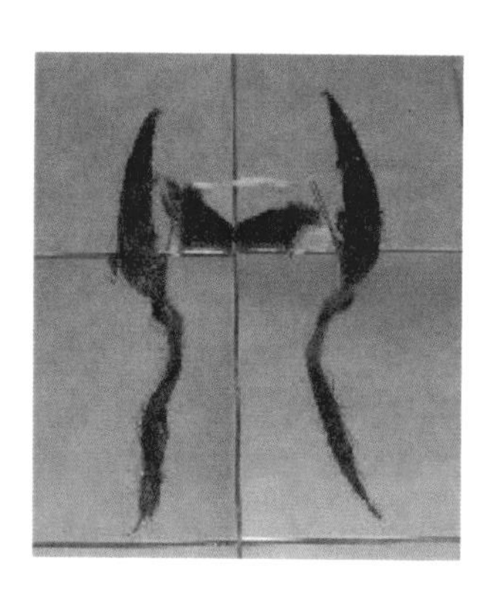

2. 假牙：是增、損將軍帶的。因爲如果遇到冥頑兇穢來強行，因此增損將軍必須要採取以暴制暴的手段以威嚇制伏妖邪。

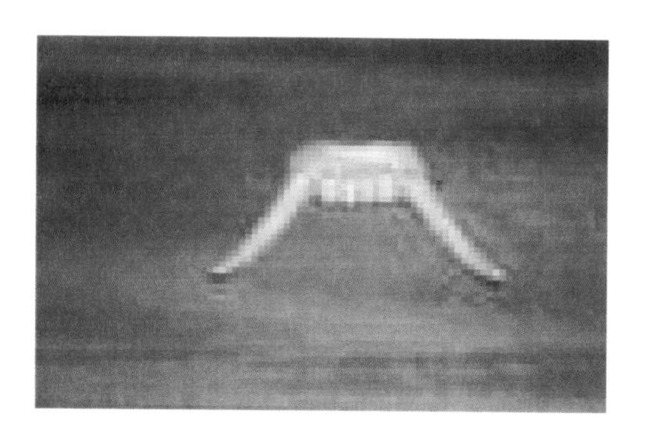

3. 花坎肩：基本服飾之一。〈材質綢布〉

4. 雲肩：〈硬式〉可增加視覺效果，所以有時候會在上面裝飾一些鋪綿精繡龍紋的圖案。〈軟氏〉材質跟花坎肩一樣，而顏色則是以紅綠兩色作對比，來求對比凸顯。

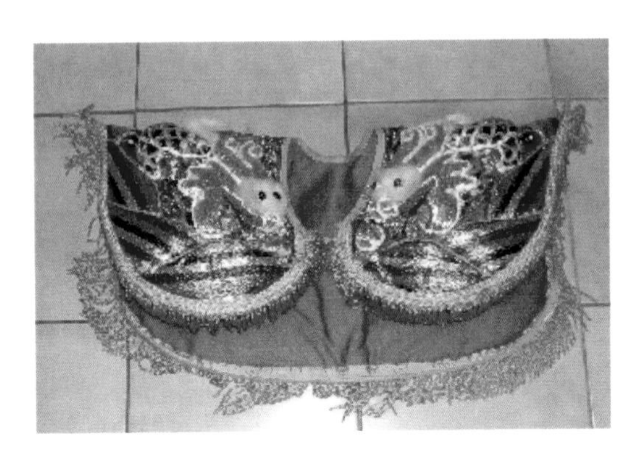

5. 彩球：是裝飾的一種。

6. 靠腿：俗稱「龍虎裙」，是圍在腰處旁的靠甲，大多都會在上面繡上美麗的圖案。（紅圖爲增將軍帶的；綠圖爲損將軍帶的）

7. 盔帽：俗稱「頭盔」，是每一程員都要帶的，它是用來保護頭部的帽子。因爲怕官將首在護衛主神時，被鞭炮傷害，還可以在舉行降靈儀式中，可將護身靈符放至頭盔內。（左圖爲盔帽的正面；右圖爲盔帽的背面）

8. 草鞋：在穿草鞋前，必須要穿白綿長筒靴，以免被粗糙鞋底刺傷，而且要綁成「金」字型。此外，草鞋具有驅邪壓煞的工能。

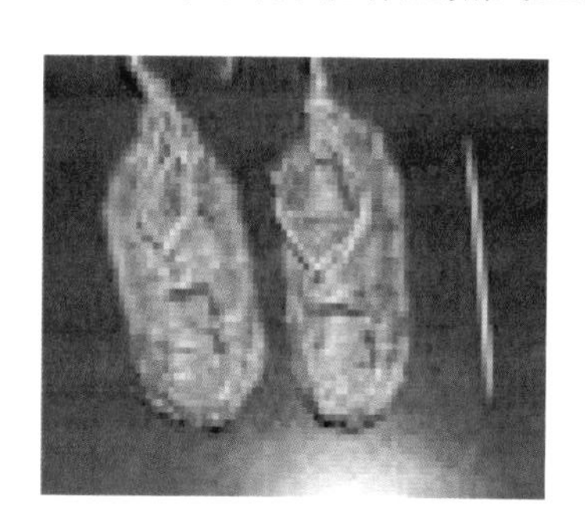

9. 鈴鐺：大都爲虎頭鈴，它具有清脆的鈴聲可以驅邪避穢，和通知聖駕來臨。

10. 領巾：它是在脖子及坎肩之間，是採用類似京劇的服飾。此外，它也具有清爽的效果。

（六）法器介紹

虎牌：是種追捕罪犯的法器之一。上面有時還會刻字如善惡分明等文字。此外，它具有警告及拷打罪犯的功能。三叉尖槍：又稱三叉是中尊損將軍拿的法器。早期爲劃草的農具，後來成爲刑具之一。

火籤：原名爲令籤，是主神發令的信物，也是一種追捕罪犯的法器之一。手銬：是官將首用來綁鎖犯罪的器具，通常他們都是一手拿火籤一手拿手銬再串上鐵鍊的，行走時會有鏘鏘聲，就會讓人心徬徨，因此具有勸善的功用。

圖 6-6　法　器

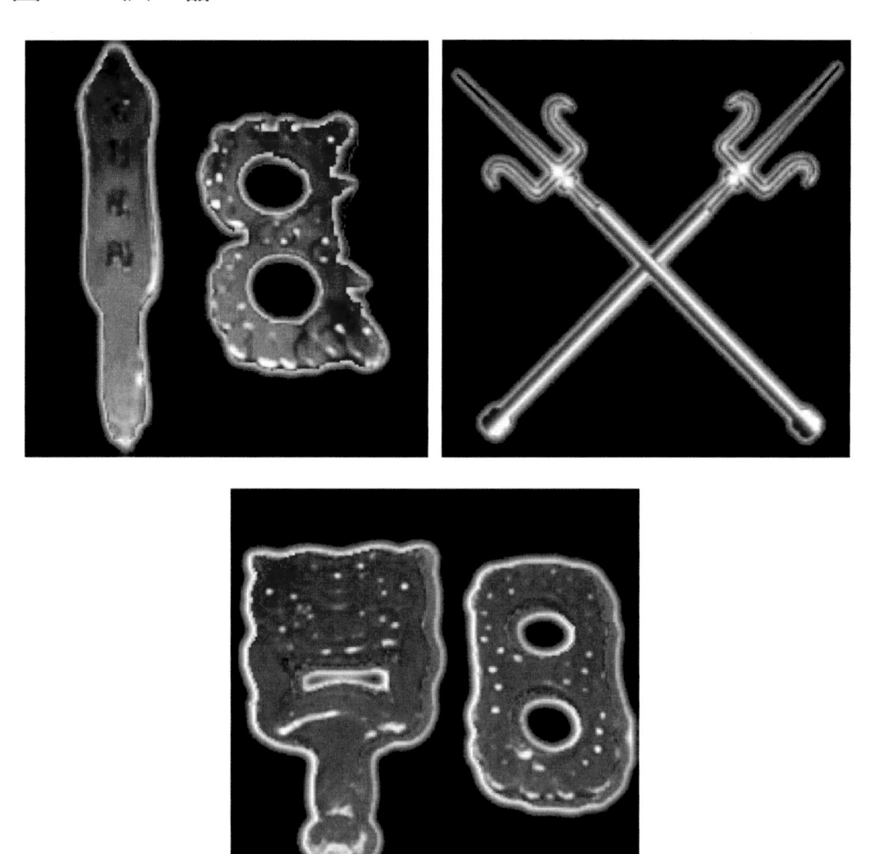

（七）樂器介紹

大鑼：又稱響鑼、馬頭鑼，它的用處是用來通知神轎來臨的作用。爲了要震撼人心，所以常以多數的大鑼來作前導，因此常與哨角作搭配。哨角：

原名是蘇爾奈，本來是回族的樂器，因為由於聲音低沉，會有震撼人心的感覺，很適合用來吹奏助陣。以前用對象為謝、范將軍，又因現在有北管樂作前導，所以便與轎前的大鑼作搭配。海螺：它是利用螺內的螺旋而產生聲音的，聲音跟哨角很類似，但是海螺它不容易調音及海螺材料又較少，所以現代很少人用它。〔註13〕

圖6-7　樂　器

（八）禁　忌

一個團要出陣頭時，是有許多禁忌的，廟會裡正式扮演官將首者，必先齋戒數日、不近女色、不食葷食、即勒符演淨，以表誠心。一、食物類的禁忌：（1）素齋：團員們在要出陣前一個星期到淨身，也是說扮演者只能吃素

〔註13〕參見呂江銘《官將首》「第二單元：官將首文化賞析」，頁30～150。

菜包、白飯及清粥素菜，白飯是有種特別象徵性的，就是說有人傳過白飯是『主神所賜之食』。（2）肉類：螺肉、蛇肉、狗肉、牛肉、豬肉、雞肉、羊肉等肉品都不可食。

家將團的團主會勸團員們千萬要守戒律，不要犯此禁忌，其實每一種動物都有靈性，例如：臺北縣北海岸石門乾華18王公廟，他們所供奉的狗神，因狗是忠信又勇敢的動物，所以使得人們有把動物供奉膜拜的習俗。（3）酒、煙、檳榔：家將出軍事爲執行護衛主神之任務，不容許隨意飲酒作樂的，以免酒後亂性出差錯。香煙是接駕友堂時致贈香煙爲禮品，但不能當場吸食，只能在休息下馬以羽扇掩面享受。檳榔在民間信仰總類中是必備的供品之一，出軍時，是非常莊嚴神聖的，不應弄得滿嘴髒亂，所以此項是非常忌諱的。而一般禁忌類有：（1）禁口不言（在重要任務時，口中得咬頭髮、頭巾或高錢）→（2）入廁解符→（3）從中穿陣→（4）天橋遮穢→（5）掌扇避喪→（6）遇陣遮面→（7）繞境避聖→（8）不擋正門……等多項。

官將首在繞境演出時，中途常得遇廟參拜，而且必須至廟門前加上動作行三鞠躬禮，這時會有許多圍觀的民眾擋在正門口，把廟內的主神給阻擋了，使得官將首們無法參拜，這也是他們非常忌諱的。

（九）平安符與鹹光餅

農曆5月1日的活動，隨行官將會沿路分發鹹光餅及平安符，希望吃了鹹光餅之後，大家都健康，平安符則可免除家中災禍。〔註14〕『鹹光餅』是一種比蘋果麵包硬，圓形而且中間穿孔的平安餅，『鹹光餅』又稱『繼光餅』或『咸光餅』，這種餅是官將首及八家將和大仙尪仔出巡時所必備的重要配件之一。其實鹹光餅有個有關愛國將軍英勇睿智的傳奇故事。相傳明代將軍戚繼光在奉命要追捕福建沿海的海盜時，因伙夫做飯時灶煙昇起引得海盜來襲，戚繼光爲了要克服敵人，便叫伙夫做些烘乾以便儲存的乾糧，餅中以繩穿成串，以便士兵們攜帶，後人爲了紀念戚繼光將軍的睿智，便將這種餅命爲繼光餅，這也就是戚光餅有名的由來。

老一輩的信徒總是認爲掛在官將首身上的叉刀或尖槍上的鹹光餅具有驅邪的特殊功能，所以拜拜後的鹹光餅就是別人所說的『吃平安』（台語），據說小孩吃了「頭殼硬、好袂飼」〈台語〉，年長者吃了「長壽保平安」，鹹

〔註14〕新莊地藏庵管理委員會《新莊地藏庵簡介》，民國89年4月。

光餅是從新莊傳出來的，這也是新莊的特產之一，多年來鹹光餅依然扮演著神靈保護子民的重要信物及角色，這也使得新莊迎文武大眾爺廟更是出名，聽說大眾老爺非常靈驗，常替人民解決許多大大小小的事，許多人拿到大眾老爺賜的鹹光餅吃了便可保平安，所以鹹光餅經蓋上主印文後，即成爲平安信物。

鹹光餅有大有小，每兩場廟會中，最少就耗了約 2000 斤以上的鹹光餅，新莊最有名的鹹光餅店有:金合和、老順香、新義軒、美成香這四間糕餅老店。新莊著名的地藏庵都是跟新義軒餅店所訂購的，臺北大稻埕的霞海城隍廟及艋舺著名的青山王廟在廟會慶典上也都會用到許多鹹光餅，所以以上就是鹹光餅的小道消息及由來。

四、宗教藝術節慶

民國 81 年起，臺北縣政府開始舉辦宗教藝術節，89 年爲第 9 屆活動，前 6 屆活動皆配合中元普渡於農曆 7 月辦理，90 年首次提前舉行，強化地方特色，配合新莊地藏庵農曆 5 月 1 日大眾爺出巡慶典辦理。之所以選擇在新莊舉行，是因爲新莊有許多歷史悠久的廟宇，〔註 15〕如慈祐宮、武聖廟與地藏庵等廟會慶典、點光明燈、祭解、神明遶境等活動，一直是當地主要的信仰習俗活動，地方上很多的傳統文化發展與廟宇脫離不了關係。

廟宇是修行之所，人神溝通之處，尤其是王爺廟在臺灣寺廟中爲數最多，「共 894 所，佔到臺灣寺廟的 9 分之 1。」〔註 16〕對民間信仰的信眾而言，當前的寺廟，既是一種宗教性的休閒的主要推動力，也是地方文化資源的來源。尤其是新莊宗教活動高度發展，也帶動了周邊商業活動及地方戲曲的發達，所以新莊街上不只有許多百年老店，如尤協豐豆干、翁裕美麥芽糖、响仁和鐘鼓等，還有布袋戲團聚集以及戲館巷的出現，與古蹟廟宇一同見證輝煌的歷史。

至於選擇地藏庵爲活動地點與規畫主軸的原因，一方面是因爲地藏庵農曆 5 月初的大眾爺出巡活動，與大稻埕霞海城隍誕辰、萬華青山宮靈安尊王出巡，並稱爲北臺灣三大慶典之一，熱鬧非凡。一方面也是因爲地藏庵俊賢

〔註 15〕關於新莊廟宇，參見《林衡道談俚諺》，頁 241～242。還有，闞正宗《臺灣佛寺巡禮》。

〔註 16〕王世禎（飛雲山人）《臺灣王爺神力秘典》「正統王爺神力無窮——王爺本來是瘟神」，佛光企業社，頁 9。

堂首創的官將首團，是家將團中唯一源於北部而繁衍全臺的將種，有其相當的特色與意意存在其中。此外，宗教藝術的推展是多元化的，深耕地方特色，突顯新莊地藏庵在宗教文化上的特殊性，並舉辦老街之旅活動，來介紹廟宇文化，也邀集新莊布袋戲團來同臺獻藝，互較高低，同顯榮光。〔註 17〕

透過廟會活動，以及政府相關單位大力支持下所舉辦的宗教藝術節，對社群的組合以及民眾對傳統文化的了解與創新活動之意義，大爲提昇。呂江銘說：「在臺灣民間信仰的廟會現場中，隨處可見既嚴素又威猛的家將團或官將首團站在神轎前，充當主神出巡、綏境狩安的駕前侍衛。但在看過臉塗油彩，腳踏罡步的將團表演後，鮮少有人會注意及關切該表演將團的家將種類及背後所隱藏的宗教意涵和視覺美學，更遑論有專業的研究及報導。此種現象，相較於鄰近之日本、韓國……等國極力維護傳統文化之用心，實在令人憂心臺灣的特殊家將文化何時會成爲古早的故事，不復追尋。」〔註 18〕的確，文化的推動與保護，有賴專家、學者，以及政府相關部門及有心人士共同來努力。而民眾想的，常是趨吉避凶，到地藏庵拜拜，求的是失物復返，冤屈能夠伸張，或如星命名人「星星王子」家人友朋們的祈福延命，大抵民眾求的是人神相通的實效性與向神明討個實惠，遑論文化有多麼的美妙，與其傳承來自何處、源流爲何。

五、結 論

伴隨先民渡海來臺，民間祭典與陣頭技藝跟著登陸，因此臺灣的民俗中有不少具有移墾社會的痕跡。葉振輝在〈移墾社會的特殊民俗〉文中說：「俗話說：『仙拼仙，拼死猴齊天。』移墾社會需要尚武精神，這是臺灣在過去很長的一段時期，械鬥成爲家常便飯的原因。像今天已經昇華成爲藝術生活的『陣頭』，原是清代禁止眷口渡臺期間，來臺的移民常以同船載、同姓氏、同祖籍、同方言等關係而聚居，進而形成以寺廟和祭典爲中心的聯莊、組織宋江陣、獅陣等武館陣頭，平時練武健身，有事禦匪，慶典時則爲餘興表演。」〔註 19〕

陣頭表演，是臺灣廟會活動中最爲熱鬧的項目之一，少了它，祭典會黯然

〔註 17〕林琪雯、簡明輝《新莊大熱鬧——2001 年臺北縣宗教藝術節》，頁 148。

〔註 18〕呂江銘《官將首》「結論」，頁 152。

〔註 19〕葉振輝《臺灣開發史》（民國 94 年 7 月，普林斯頓國際有限公司），頁 198。另見許嘉明〈臺灣漢人的民俗信仰〉，《臺灣行腳》，頁 196～197。

失色，同時也會讓人對神威的敬畏，打了個折扣。而「八家將，爲本省南部盛行地純宗教性舞蹈，通常扮演替神明開路的角色。擔任八家將演出的人，多是病癒向神明還願而來。八將將雖名爲八將，實際上成鎭人數，有四人、六人、八人，甚至十人、十二人不等。主要成員包括，四大將軍、四大帝君、文武判官，有的係作五彩花臉，頭戴盔帽，也有的腳戴鈴鐺，手拿法器的扮相。遊行時，一行人浩浩盪盪，威風凜凜；陣法有八卦陣、踏四門等。」〔註20〕

在全省近二十種的家將種類當中，「官將首」團是唯一發源於臺北縣境的特殊將種，也因其成團人數簡約，以及孔武有力的陣式，更受到藝陣界的青睞。尤其在民國80年代以後，當「八家將」團因受少數不良陣團操寶亂紀的影響而逐漸式微時，官將首團便以異軍突起的雄姿襲捲全臺，直令其它將種望塵莫及。〔註21〕社會走入現代化，很多神祇的功能逐漸被警察的職務與現代化的醫療等體係所取代，〔註22〕其中瘟神王爺、家將出巡就是實例。徐明珠說：「儘管迓鬧熱具有多面貌的豐富內涵，但隨著都市化、知識水準的增加與提昇，傳統陣頭趨吉避凶的咒術行爲不攻自破，多元化的休閒方式也漸取代了陣頭活動。」〔註23〕

八家將少年一方面已成爲偏差行爲的標籤，一方面又成爲臺灣引以爲傲的特殊文化藝術，在文化包容性格強烈的臺灣，宗教的問題卻向來不寂寞，幾乎每隔一段時間，宗教衍生的社會問題就會浮出檯面，如宗教詐財騙色與青少年廟會鬥毆等，均成爲社會關注的焦點。因此，對於八家將等的民俗活動，有人認爲它是一種「不健康的民俗活動，不僅使人功利現實，且有害身心。例如乩童，便是精神在被摧殘的狀態下代替神明傳話，殘害身心甚鉅。而如八家將的活動，也使人幾近精神恍惚狀態，甚至是眞的精神恍惚。曾經有南部的學生因耽溺於不健康的民俗活動中，而在老師說要考試時，全班有半數以上同學像乩童一樣手足舞蹈起來。這種現象，和平日扮演乩童有關，一旦遇到不喜歡的事物時，會下意識的用乩童作法來反抗。李亦園院士強調，民俗活動有好有壞，

〔註20〕樂晴〈談傳統民俗技藝陣頭——迓鬧熱，輸人不輸陣〉，《中央月刊》83年9月，頁91～94。

〔註21〕呂江銘《官將首：唯一發源於臺北縣的家將藝陣》（2002年11月，唐山出版社），頁8。

〔註22〕參見飛雲居士《細說臺灣民間信仰》「結語——臺灣民間信仰檢討與前瞻」（民國82年4月，益群書店），頁219～224。

〔註23〕樂晴〈談傳統民俗技藝陣頭——迓鬧熱，輸人不輸陣〉，《中央月刊》83年9月，頁96。

對於優良者，應繼續傳承，使後代子孫得以普享傳統文化之美；至於拙劣者，則須加以改良，引導其走向正軌，成爲精緻藝術。」〔註 24〕八家將的成員，有的是乩童，有的具靈媒體質，有的嗑藥，有的是輟學生，文化素質不高，定力不足，對社會常有負面的作用，不僅造成校園問題，也影響到人們的道德感。〔註 25〕有學者認爲，政府當從教育以及提供較多的就業機會著手，來改善民間信仰的體質，使趨正信或者是使之回歸現實生活層面。〔註 26〕以前社會上常見到的八家將成員多半是紋身者，開面後常見抽煙、嚼檳榔、講粗話，或成群結隊的嬉鬧玩笑，不喜歡讀書的青少年、學童將他當作逃避課業的庇護所，法器當作耍狠的行頭，甚或與乩童、靈媒混爲一體，當街起乩砍得滿面鮮血；其目的，只在於覺得威風神氣，而不是眞正想繼承家將的傳統，因此反而壞了家將莊嚴的風氣，造成社會上對八家將有所誤解，這些都和「神將性格」格格不入，給一般人留下不良的印象，而降低了民俗文化的藝陣地位，造成這些脫軌行爲的主要原因，恐怕還是在於承傳過程中認知基礎不足所致。

現今，由於官將首團已繼八家將團崛起於廟會活動之中，成爲全省風行的特殊將團，令專家學者擔憂的是，「甚至有些畫虎不成反類犬的仿傚者，充斥在各廟會現場。」〔註 27〕爲正本清源，采風民俗學會執行長呂江銘先生，基於以往對家將文化的耕耘，再度對新莊地藏庵的俊賢堂官將首團進行深入研究，針對官將首的角色職責、服飾配件、臉譜扮相與陣式等方面，一一介紹分析，讓社會大眾更加了解傳統民俗藝術的風貌。其云：「官將首的美，美在其臉譜、服飾之精緻美學；官將首的威，表現在喊班點兵的儀式動作上。

藉由官將首的展演，我們可清楚看到其扮演的角色認定，除了裝扮神將以護衛聖駕出巡綏境外，更是介於主神與信眾之間互動的重要仲介者。」對於廟宇文化，與社群民眾間的關係，其接著說：「此外，藉由中港二組官將首

〔註 24〕樂晴〈由通俗走向精緻——從廟宇文化開創文化奇蹟〉，《中央月刊》83 年 2 月，頁 11。

〔註 25〕殷偵維〈惡質八家將販毒、性侵、設刑堂〉，《中國時報》民國 99 年 5 月 31 日 A7「社會新聞」。文中說，以檳榔攤爲堂口的新莊黃家尊聖會館，成員約 30 名，9 成是國中生，年記最小的僅 14 歲；使校園染黑，校方不敢管，家長互推卸責；堂口近學校，在校園販售安非它命，並凌霸、勒索同學，幫規寫著：「兄弟如手足，女人如衣服，退出會流血。」

〔註 26〕馬約翰〈從文化人類學看民間宗教與佛教〉（民國 79 年 10 月，楊惠南編著《當代學人談佛教》），頁 17～31。

〔註 27〕呂江銘《官將首：唯一發源於臺北縣的家將藝陣》（2002 年 11 月，唐山出版社），頁 8。

團團員們集資敬獻地藏庵重修時之花堵與石柱，可看出官將首團的社群活動及發源地——地藏庵之互動關係；另外中港厝二組和頭前庄一組也努力爭取以地主團對身份，連續兩年參家臺北縣政府主辦之宗教藝術節，藉以提昇民眾對優質官將首文化之認識。這種自動自發，展現其將團藝術風采的精神是值得鼓勵與稱許的。」〔註 28〕

總之，臺灣神秘的街頭舞者很多，不僅是廟會活動才有，有的神壇組成進香團，我們也常會見到乩身在街頭飛舞，尤其在道教的大廟或代表性的宮廟的廟口、廣場上更是常見。新莊地藏庵，不僅是民間宗教信仰的重要據點，在神壇信仰中大眾爺有其神奇的事蹟流傳著，而近年來有所謂無極自然內功門派者，甚至到庵中禮敬、向地藏王菩薩借氣，以行使其無極先天道法。〔註 29〕而媒體，也不時會大肆報導其靈異事蹟，讓民眾趨之若鶩。〔註 30〕此外，自清代以來，臺北大稻埕及艋舺等地因商埠發達，使得歷年來迎城隍或迎青山王的廟會，都辦得有聲有色。新莊仕紳本著「輸人不輸陣」的心理，於大正元年（1912）籌組俊賢堂，負責地藏庵主神地藏王菩薩及文武大眾老爺遶境事宜，成立自今有九十多年的歷史。

近年來，新莊地區因工商業急速發展，聚集了不少外來人口，所以地藏庵的信眾，要求新的遶境路線，於民國 68 年一分爲二，分別爲新莊街區與中港厝區；又於民國 83 年，再由中港厝區衍出頭前區（今成化路附近），成爲三個路限。因應這個變化，俊賢堂也分出三組神將團，在 2001 年的宗教藝術節活動中，俊賢堂一組、三組分別出動謝、范將軍、文武判官等神將，而二組則是北管陣頭。〔註 31〕當中值得注意的是，中港神將會，民國 83 年由七個同好成立，目前成員有 50 多位，無給職，俊賢堂成化路官將首由其訓練而成，2001 年也擔任新莊組官將首訓練工作。此神會稟持著興趣、虔誠信仰與奉獻精神，經營至今，神將也由一對增加爲多隊，爲新莊市優良的民俗技藝團之一。〔註 32〕

〔註 28〕呂江銘，前引書「結論」，頁 155～156。
〔註 29〕賴建成《臺灣民間信仰、神壇與佛教發展之省思》「結論」（民國 95 年 12 月，東大圖書），頁 297。
〔註 30〕「梅森手扎」部落格〈官將首八家將特寫——2010 年新莊大拜拜「暗訪」〉，http://blog.yam.com/meson/article/29039461。
〔註 31〕林琪雯、簡明輝《新莊大熱鬧——2001 年臺北縣宗教藝術節》「表演團隊簡介」，頁 160。
〔註 32〕曾素月〈中港神將會神將團〉，林琪雯、簡明輝《新莊大熱鬧——2001 年臺北縣宗教藝術節》，頁 160。

2001 年的新莊藝術節慶，也邀來鯤溟八將廟八將團，此將團現屬於大稻埕八將團碩果僅存的一團，仍保存古老味，不走職業路線，使古樸臉譜藝術再現風華。〔註 33〕家將陣團在臺灣傳統藝術中，經常出現於廟會文化，這種平日少見的表演藝術傳達著力與美的結合，而家將臉上絢爛爭目的彩色紋飾，深深吸引著眾人的目光，也因爲祂的豐富色彩與圖像語彙，讓人想要去挖掘與探究其奧秘！屏東縣政府和慈鳳宮，爲了將八家將這個民俗活動導入文化藝術，並讓他成爲青少年的正當活動，所以特別舉辦了 2008 年阿猴媽祖盃八家將官將首比賽！共計有 11 個縣市、30 個隊伍報名參加比賽，並邀請了新加坡天慈宮八家將，來與參賽隊伍相互觀摩交流！而且最特別的是有一團家將團遠從花蓮來參賽，更特別的是他們的團員全部都是女性，也打破了傳統八家將的禁忌，更讓人見識到女中豪傑不讓鬚眉的優異表現！〔註 34〕

不論是家將或官將首團，如今都變成國內的民俗技藝的一種。一位參與過的成員說；「讓官將首走上舞台，呈現最美的演出，讓對陣頭、對官將首有負面想法的人知道，我們是個優質的團體。讓廟會文化呈現最好的傳統藝術，也許你也和我們一樣。每當聽到街頭巷尾傳來熱鬧的鑼鼓聲，由衷的從心裡燃燒著一股莫名的熱，開始激昂起來，思緒也跟著沸騰，不由自主的朝著發源地找尋。是的，就是那股莫名的衝動牽引著我，也許我們不是樂團，也不是舞者，但我們也是藝術表演團體的一份子，我們只是衷於臺灣固有的宗教文化。每當穿上戰甲，就相當於拿起鼓棒的鼓手，畫上臉譜，就像是畫上彩妝的名模。每當我拿起畫筆，彷彿我也是首趨一指的彩妝師，或許我們不是走在時尚的尖端，但我們只是站上屬於我們自己的舞台，站在民俗文化的第一線。在眾人面前，跳著我們正規傳統的步伐融合創新的招式，也如同舞者默默苦練而來的成果。官將首和跳舞一樣，需要也是需要經過一翻專業的磨練才能有所成果。不是所有的廟會孩子，都是壞小孩，我們只是一群對宗教文化的熱愛，一群對官將首著迷的孩子，除了學校課業外，在我們的生活裡，不是打架鬧事，而是鑽研步伐，招示訓練自己如何能把官將首的力與美，完美的呈現在眾人以及眾神的面前，站在屬於我們自己的舞台。」〔註 35〕

〔註 33〕林琪雯、簡明輝《新莊大熱鬧——2001 年臺北縣宗教藝術節》「臺北鯤溟八將廟八將團」，頁 56。

〔註 34〕http://tw.myblog.yahoo.com/totorofamily-blog/article?mid=3970&prev=-1&next=3937

〔註 35〕「救國團臺北縣土城團委會」部落格〈讓官將首走上舞台呈現最美的演出〉，

除了廟宇活動之外，最近學校社團中也興起了藝陣的社團，賴建成君在景文科技大學就指導一批視傳系的學生組成神藝社，同學們跳起八家將與官將首來；這些學生們常在校園內扮臉、手拿器材配合著震耳的鼓聲表演起陣頭來，氣派眞是不凡，頗受同學們的好評與熱烈的歡迎；神藝社在社長的領導下，也神勇地組團到劍湖山去參加藝陣比賽，〔註 36〕當時總共有北中南 27 組藝陣來參加，他們雖然沒得到大獎，但學生們的創新與活力無限很值得鼓勵。他們加入服務學習的行列，參與社區藝文活動，在校園與社會上都帶來了正面的觀感與贊賞。

圖 6-8　廟會陣頭

http://tw.myblog.yahoo.com/jw!02kCIFqRCRTdHAPOWyiWkvCzpA--/article?mid=7999，2010 年 7 月 3 日。

〔註 36〕〈2010 劍湖山鬥陣——藝陣文化館及藝陣比賽內容〉，http://tw.myblog.yahoo.com/jw!vZXyFmGRGBI7pGBLuACWtx5iYw--/article?mid=1228，2010 年 4 月 13 日。

圖 6-9　鹽水陣頭遶境

圖 6-10　八家將官將首比賽

2008阿猴媽祖盃八家將官將首比賽

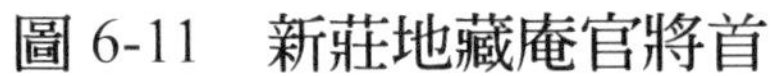

圖 6-11　新莊地藏庵官將首

圖 6-12　新莊大熱鬧

圖 6-13 宗教藝術節慶

圖 6-14 廟會的神明出巡

圖 6-15　官將首專輯

圖 6-16　進香團活動與乩身

圖 6-17　新莊鼓藝團

圖 6-18　優人神鼓

圖 6-19　景文神藝社成員

圖 6-20　學校神藝社團

勤勞　謙敬　信實　創新

聘　書

(98)景大學諮字第03543號

茲敦聘

賴建成老師

擔任 98 學年第二學期日間部學生社團

《神藝社》指導老師，

聘期自 99 年 2 月 1 日至 99 年 7 月 31 日止。

此聘

校長 郑永福

中華民國 [illegible]9 年 7 月 31 日

第七章　結　論

臺灣當前的歷史定位，還在變化當中，以政治實體來看，因爲跟中國產生糾結，談兩岸的政治與臺灣的選情時，必然會談到或聯想到中國意識與本土情結的分歧，這是一個難以融通的問題。就政治來看，臺灣的主權問題，不論是就歷史主權、政治主權，還是實質的主權，都有人在深論與關懷。但我們明確知道一件事，即是中國從來沒有統治過臺灣，而中華民國在這塊大地上包括金門、馬祖與澎湖，已經有 50 多年的治理；而其社會進化的腳步，跟全球化與現代性脫離不了關係，使得兩岸不僅在政治面，乃至於經濟社會，乃至於文化以及人民的生活水平上，都是大相逕庭的，連大部份香港人都希望兩岸的政治關係最好是維持現狀。但目前的臺灣在馬英九主政後，從「務實外交」的策略上又邁前一步主動出擊，不論是政府或民間團體上都展開全面性的交流，未來情勢的發展，有人會想到可能會走上統一的途路上去，但時機以及如何融通兩岸的各項分歧點、還有生存發展，才是當前臺灣人思考的主流趨勢。92 共識與臺灣經濟，則是國人所要面對的現實。

臺灣的文化，大抵從大陸而來，期間經過日本的統治而有所變化，在佛教方面是佛教僧人的素質低落與女尼的地位提高，還有齋教與佛教混揉的盛行。臺灣光復以前的佛教，巨贊法師〔註 1〕在〈臺灣行腳記〉文中云：「考連雅堂《臺灣通史》云：『延平郡王鄭經，以承天府內尚無叢林，乃建彌陀寺東安坊，延僧主之。』據此可知彌陀寺的創設，在開元寺之前，自應以之爲臺灣佛教的開端。彌陀寺今已不存，從當時延平郡王局限一隅的情形推斷起來，規模恐亦不大，

〔註 1〕《白公上人光壽錄》「本年（38 年）大事僧伽」，頁 255～256 云：「劣僧巨贊於 37 年潛入臺灣，見防諜甚嚴，復返回杭州與趙樸初相會。」

所以後來沒有什麼大德留住臺灣。而明季遺老潛謀復國，隱避到宗教的隊伍裡去以後，所組織的先天、龍華、金幢三教派，則民間的勢力日漸擴大，也從福建流傳到臺灣，其時約在清朝中葉。譬如做為臺南市支會的愼德齋堂，本來是先天教的修院，臺中的愼齋堂也是龍華派底祖師開創的。又獅頭山的獅岩洞，其開山祖邱普捷是龍華派裡的太空，職位很高。據大正 9 年的調查，在臺灣這 3 派的信眾約 18 萬人，齋堂 630 餘處。他們都是主張三教同源的（中略）先天等三派教，通稱齋教，因為他們都是虔誠的疏食主義者。又稱在家佛教，對出家佛教而言。其實臺灣大部分出家人的思想，也還是那麼一套，在家、出家之分不過形式不同而已。但也因此保存了素食的美德，並不因日本化而改變（中略）。某法師對我說，臺灣的僧眾如果不准娶妻，則不肯出家，有了家室之累，靠寺廟收入又不能生活，所以僧眾人數，日漸減少，這是臺灣佛教的致命傷。」〔註 2〕至於當時齋教徒的社會地位與佛教出家人的狀況，據日本片岡巖所撰《臺灣風俗誌》（大正十年，1921 年出版）記載：「齋教徒說：『僧尼雖然穿法衣、剃髮，惟往往為了糊口才來出家，所以能守佛教戒法的人很少；至於研究教理濟渡凡世，即是相當困難的事，又住於寺廟不務生產。齋教信徒雖然不著法衣、不剃髮，卻能通佛道教義，嚴守戒律，不愧為教徒；且勤於職業，不空費國用，即有所盡國民本分。』」〔註 3〕這段話很傳神地表達了齋教信徒作為「在家佛教」的優越感，毫無被「邊緣化」；齋教走過日治時代，一部份表面上歸化於佛教，一部份與民間信仰雜揉；到了臺灣光復之後，歸化佛教的齋教信徒一部份加入了中國佛教會，還有一部份回復齋教本位，也有脫離佛教與齋教的向民間信仰演化。〔註 4〕從大陸輸入一貫道之後，齋教信徒很多被一貫道所攝收去了，一貫道跟後起的慈惠堂、儒教鸞堂成了本土化的新興教派，這些鸞堂都跟無生老母信仰有關。〔註 5〕所以齋教衰微除了本身的因素之外，主要原因有二，一是佛教，一是一貫道。臺灣在日治時代，日本殖民主義藉由「皇民化運動」積極改造道士，但是，深根於臺灣本土的道教，在日本殖民末期看似受到衝擊，但是，僅是表象而已。戰後，道士、乩童隨著經濟的起飛又十分活躍，甚至從大

〔註 2〕 黃夏年主編《巨贊集》，頁 457～458。
〔註 3〕 片岡巖著、陳金田譯《臺灣風俗誌》（1987 年 3 月，臺北眾文出版社），頁 687。
〔註 4〕 關於佛寺與齋堂間之關係，參見闞正宗〈戰後臺灣佛寺的轉型與發展〉，闞正宗《臺灣佛寺導遊（八）》（民國 85 年 6 月，臺北市菩提長青出版社），頁 213～226。
〔註 5〕 林進源《中國神明百科寶典》「參、無生老母崇拜群」，頁 64～80。

陸又引進丹道修練及推廣，〔註 6〕今日臺灣的道教界含民間宗教，其局面看似不同於以前，但其宗教信仰的特質依然還是難以改變，也就是說在佛道信仰間徘徊、留連而深含巫術的神秘色彩。

日治時代的佛寺、齋堂的某些特質，影響後來佛教的發展，如寺院不大、佛堂清淨莊嚴、成立佛學院、有佈教所、尼眾的能力好、僧尼皆吃苦耐勞等。臺灣的僧寺之中，大都闢一部分住尼眾，〔註 7〕並且尼眾可以當家。臺灣的佛教現象，對大陸來臺的僧人來說是一種怪現象，且說日本化的佛教在臺灣不大行得通。巨贊且說：「全臺灣的佛教徒至少在 300 萬以上，〔註 8〕至於僧尼人數，曾普信居世謂共 3000 餘人，大致不差。其多寡的比例約爲三比一，尼占多數。全臺灣佛教寺院數，除了齋堂外，曾普信居士〔註 9〕又謂僧寺 150，尼寺 100。其實這樣分法並不正確，因爲僧寺之中大都住有尼眾，且人數都比男僧爲多，簡直不能說他是僧寺還是尼寺，這是臺灣佛教最奇怪的地方。」〔註 10〕佛教徒中還分派系，有保守派的圓光妙果、革新派的月眉善慧與凌雲本圓，〔註 11〕還有開元與超峰派下等，以中壢圓光寺妙果派下的勢力爲大，〔註 12〕感召力強以及經濟力較充裕。〔註 13〕對於臺灣的佛教狀況，巨贊說：

〔註 6〕王見川〈道教在臺灣的發展〉，收在李世偉主編《臺灣宗教閱覽》(2002 年，臺北博揚文化)，頁 35。

〔註 7〕僧寺住尼眾，這種現象不僅在日治時代有之，在光復後的許多佛寺如霧峰護國寺、樹林海明禪寺等，也是一樣。海明寺有尼眾，參見《仁恩夢存》，頁 240。悟明法師說：「海明寺的修葺完成，使千霞山道上，在春節中，增加了許多佛教道友朝山拜佛，在心理上，我也有了交代。同時，使許多無所依恃的道侶，尤其是比丘尼，有一個安靜的依止環境，可以在修持上無後顧之憂。」

〔註 8〕其說法，幾乎把臺灣的所有子民都通稱爲佛教徒，因爲受佛教的影響之故吧。據《白公上人光壽錄》「民國 16 年本年大事——僧團」，頁 94 云：「日本臺灣總督府發表宗教情報，謂臺島計有寺廟齋堂神明會 9862 所；佛教信徒，55892 人，僧侶 409 人；另長毛僧及香華僧 319 人。宗派以曹洞宗爲最盛，有信徒 20861 人。」

〔註 9〕時爲臺北市佛教會理事長，因十普寺產權問題，挽白聖法師接住此寺，事見《白公上人光壽錄》「民國 37 年」，頁 247。

〔註 10〕.黃夏年主編《巨贊集》，頁 458。

〔註 11〕《白公上人光壽錄》「本年（36 年）大事」，頁 244 云：「臺北觀音山住持本圓法師於 7 月 25 日病逝居所，世壽 65。師法明印體，俗姓沈，於去歲當選臺灣佛教會理事長。」(民國 72 年印行)

〔註 12〕《白公上人光壽錄》「本年（37 年）大事——僧伽」，頁 248 云：「慈航法師應請來臺，於中壢圓光寺創辦臺灣佛學院。」

〔註 13〕.黃夏年主編《巨贊集》，頁 459。

「臺灣佛教正面臨著必須向中道轉變的關頭，誰能不忘根本而又能順應潮流，即足以領導臺灣未來的佛教也將被全臺的 300 萬佛教信徒所擁護，而協助政府奠定長治久安的基礎。日月潭的湛澄，草山的雅靜，將會鐘毓一兩出類拔萃的大德，打開臺灣佛教的局面。噫！非斯人，吾誰與歸！」〔註 14〕在大陸僧人看來，日治時代佛教不振的原因，除了日本人的宗教政策之外，其原因是僧侶齋友知識低，二是隨俗盲信。〔註 15〕就這兩項因素來看，同印光法師的觀點，是缺乏師友所造成的。〔註 16〕此外臺灣普度時，其儀式是佛道儒三教混同的民俗信仰。〔註 17〕

至於民國 34 年以後臺灣的宗教概況，明復法師說：「（民國 34 年）8 月 15 日日本宣佈無條件投降後，各地日人寺廟紛行匿藏珍貴物品，當地豪勢乘機侵佔其不動產，所組織之各種事業團體亦復無形瓦解。自明治 9 年（光緒 2 年）以來在中國經營之各種佈教施設，至此一無所有。」而大陸「全國各地寺廟自 25 年戰機逼近期間，在軍事第一、勝利第一之前題下，開始被軍所佔用，連具有崇高歷史文化價值的寺廟都不能免。戰機既開，淪陷區名剎古藍間或有倖免破壞者，農村小型庵堂壞毀殆盡。而游擊對出沒地區，雖名剎古藍亦復難以保全，後方通都大邑或鄰近戰地之所在，大小寺廟均爲軍政府機觀所進駐。古寺名剎偶得保留一部份供僧棲息與民眾禮誦之所，已屬難以想像之事，小型庵堂則幾乎全被佔用淨盡，誠然爲亙古罕有之浩劫。」〔註 18〕

而中共與佛教的關係，悟明法師在〈避難飛錫〉文中說：「37 年底的紛

〔註 14〕.黄夏年主編《巨贊集》，頁 460。

〔註 15〕《白公上人光壽錄》「本年（14 年）大事——教團」，頁 76：「日本臺灣總督府內務局局長兼南瀛佛教會會長木下信蒞會訓話謂：『臺灣佛教振之因，一爲僧侶齋友知識低，二爲不能體會釋迦精神而舉附社會之後隨之盲進。』今日本佛教即除棄舊來積習，被歐美知識份子稱爲合理的佛教。」《白公上人光壽錄》「本年（19 年）大事——教團」，頁 126 云：「臺灣《南瀛佛教》月刊第 8 卷第 3 期「社論」云：『臺灣佛教振之三大原因，一者神佛混淆。二者僧侶不自覺。三者政府無視。』」

〔註 16〕釋印光〈復周智茂居士書〉，《印光法師文鈔》卷一，頁 172 云：「凡夫在迷，心不定，故有屢信屢退、屢修履造之跡，亦由最初教者不得其道所致，使最初從淺近因果等起，便不致於有此迷惑顛倒也。」

〔註 17〕《白公上人光壽錄》「本年（19 年）大事——教團」，頁 126 云：「臺灣李添春撰《普度的裡面》謂：『臺灣現行普度的儀式是佛、道、儒三教混同而成的低級信仰，應反俗歸眞，倡明本義。又撰《摘教概說》，頗析齋教三派的內涵與現狀。』」

〔註 18〕《白公上人光壽錄》「民國 34 年大事——教團」，頁 212。

亂，已遍及全國各地。河南商水我的故里，及洛揚少林寺等地有不少比丘逃離形影相守多年的佛寺，到江南掛單。共產黨的口號是：『宗教是人民的鴉片烟，吃現成的，反人民；唯心主義，資本家色彩封建劣根，不拔你的根，鬪你的爭；中國人民不會翻身！』同時，五台山佛教聖地已被共產黨盤距，出家人都逃到上海掛單了。原來，在共產黨人的口腔裏，我們這些傳教士竟是一批『罪深孽重』的歹徒，在他們的法典裏，該槍斃一百次而有餘！不要說共產黨是『唯物論者』、『虛無主義』、『反宗教的一群魔鬼』了！爲了珍惜這一點人性的氣息，我們沒有理由跟魔鬼走！基於這個原因，我內心有一個通盤的計畫，大江一旦不守，我勢必要隨軍移單臺灣，做我自由和尚。」〔註19〕悟明法師跟樂觀法師，就乘船到臺北來，先其來臺的僧人有白聖、道源（住十普寺）、東初（住北投法藏寺）、南亭、大醒（住善導寺）等法師。大陸來臺的諸師曾因流言猜忌故被拘押於臺北看守所，〔註20〕中國佛教會在急忙中恢復，〔註21〕後在高僧的領導下佛教作全省巡迴布教弘法工作〔註22〕、開壇傳戒，〔註23〕並響應政府的勞軍活動，〔註24〕政要與名流也常假借名山寺院開會，〔註25〕寺院也會不時舉行護國息災法會，〔註26〕知識份子則喜歡

〔註19〕釋悟明《仁恩夢存》，頁112。悟明長老說，青年人對和尚逃難的原因不了解，問：「和上來幹嗎？」答：「逃難！」問：「共產黨到上海與和尚有啥相干？」悟明長老說：「也許要到我這把大的年齡才了解共產黨是什麼東西？他們還年輕哩，生理年齡與心理年齡，同在一條水平上。」（前引書，頁114～115）

〔註20〕《白公上人光壽錄》「民國38年」，頁250～252。

〔註21〕在臺恢復中國佛教會於善導寺，《白公上人光壽錄》「民國38年」，頁250～251云：「推東初法師爲主任，南亭爲秘書，白聖任幹事，登記大陸來臺僧尼，設法維持其生活。」

〔註22〕釋悟明《仁恩夢存》，頁146～149。關於佈教團的工作，悟明長老有寫日記，民國43年11月25日～12月8日爲期15天，由省佛會聘請9位法師擔任。另見《白公上人光壽錄》「民國42年——東臺灣半月弘法記」，頁281～300。時白聖法師任中佛會常務理事兼弘法委員會主任委員，時澎湖各寺廟皆爲軍對住滿，事亦見《菩提樹》7月號佛教新聞。

〔註23〕釋悟明，前引書，頁166～175。

〔註24〕釋悟明，前引書，頁131。悟明長老說：「這一階段，本山（凌雲寺）僧侶同時響應春節勞軍，全寺共捐出臺幣215元，送交中央日報代轉。像類似的響應政府及個人自動發起的捐助，從不空過。吾人在這個隨時準備撒手的世界上，除了佛性常存，身外之物，其價值是微不足道的，如世人要明白這一點，放下這一點，則世間該多添幾坪清淨土呢！」

〔註25〕釋悟明，前引書，頁131。

〔註26〕釋悟明《仁恩夢存》，頁257。

找高僧談禪〔註27〕或成立佛學社團，寺院亦辦理結夏安居共修拜懺、體會禪味，〔註28〕而打佛七並宣講佛法的風氣也漸流行。〔註29〕佛教在臺灣蓬勃發展，跟大陸唯物史觀下的無神論進程，很不相同。〔註30〕

而政府播遷來臺之後，佛教界面臨到窘境，因爲政府的高壓統治，〔註31〕佛教徒爲了生存要積極地與之周旋，此外大陸來臺的僧人已在爲佛教謀復興正在大費周章，護國護教也成了教界生存的法寶。明復法師說：「（民國 39 年）是時大局詭幻，眾志消沉，僧中多有不耐當軸嚴刻之約束及生計過份艱難，而不安於道業者，在圖順世以苟全，毀棄道義，妄行經商從政者大有人在。」〔註 32〕當時佛教界能弘法者甚少，也不團結，白聖長老在〈我對佛制改革的意見〉一文說：「據我所知大陸來臺灣的僧人，一共不過數百十人，青年要佔大多數，能宏法利生主持佛教者，不過少數人而已。其餘尚要經過訓練後，方可獨當一面，試問偌大一個中國佛教，豈是少數僧尼所能勝任的？況大陸人心，被共匪毒化很深，還得要我們佛教徒回去喚醒他們的迷夢，解救他們的痛苦。據說香港尚有數百僧人，均從大陸逃出者，但不知他們的底細，不妄作判斷。中國的僧尼有一個通病，就是彼此不願團結，因僧尼集團中，多談個人主義，所以，都養成了個人自由的習慣，一旦要他們團結起來，卻是一件很困難的事。」〔註33〕中共也開始破害佛教學者，該年 5 月 7 日陳銘樞於《大公報》發表〈佛教徒當前任務與願望〉，強調：「共產主義即佛法，擁護共產黨即是參禪。」宗教徒在共產社會中僅是參與勞動的人，不能妄說佛

〔註27〕釋悟明，前引書，頁 258。

〔註28〕釋悟明，前引書，頁 256。

〔註29〕釋悟明，前引書，頁 256。民國 50 年 12 月 15 日廣親老和尚請悟明長老爲佛七開示〈念佛能離苦得樂〉後，海明寺啓建彌陀佛七，廣欽老和尚也領僧俗來寺隨喜；在一支香中，悟明長老開示其拿手的念佛禪：「向念佛者是誰直參下去，亦參亦念，亦念亦參！」

〔註30〕觀看任繼愈的《隋唐時期佛教哲學思想在中國的傳播和發展》之後，明復法師在《白公上人光壽錄》「民國 51 年大事——社教」，頁 443 云：「中共黨人心目中的佛教價值觀，與傳統的或目下自由世界的觀點完全不同。」

〔註31〕關於國府治臺的違憲舉動以及佛教徒徒遭到侵害，參見闞正宗、蘇瑞鏘〈臺男開元寺僧證光（高執德）的白色恐怖公案再探〉，《護僧》第 37 期（民國 93 年 12 月，高雄中華佛教護僧協會），頁 5～6。

〔註32〕《白公上人光壽錄》「民國 39 年」，頁 256。

〔註33〕《白公上人光壽錄》「民國 40 年」，頁 270；另見《人生雜誌》，民國 40 年 9 月。

法了。按陳銘樞的說法，宗教徒該參的是擁護共產黨，滿腦殼子的想戀的道法該僅是共產主義。當時臺灣的佛教團體會員中純佛教徒者不多，其中神佛混淆者不少，甚至有重視仙鬼者，佛教界已經在正視這個現象。〔註 34〕

光復以來，政府實施威權統治且受西方思潮的影響，對佛教則不提倡，從這個時候到解嚴前，佛教基本上是在威權下的自立自強、自我更化期。〔註 35〕此期的佛教發展，有一個中國佛教會成立，〔註 36〕七世章嘉仁波切來臺連任爲中國佛教會理事長，1975 年圓寂後五世甘珠瓦爾仁波切繼任爲理事長，其於 1978 年圓寂；〔註 37〕其後白聖法師被膺選爲理事長。〔註 38〕佛學院也陸續在形成但

〔註 34〕《白公上人光壽錄》「民國 42 年」，頁 288。

〔註 35〕關於臺灣光復的佛教，存在著日治下的遺跡，參見釋巨贊〈臺灣行腳記〉，《巨贊集》，頁 450～460。

〔註 36〕關於中國佛教會，抗日勝利後民國 36 年第一屆會員代表大會於 5 月 26 日在南京毘盧寺開幕，章嘉呼圖克圖被推選爲佛教會理事長；事見白公上人光壽錄》「(36 年) 教團」，頁 245。有關中國佛教會開會的情形，參見釋悟明《仁恩夢存》(民國 75 年 8 月，臺北縣海明禪寺)，頁 163～164、頁 183。理事來自山頭與官場中人，有僧有俗，佛教會權力不集中，缺乏行政效能。《仁恩夢存》，頁 173 云：「中佛會的事越鬧越糟，整理委員會之出現如果整理不好，更會令人心灰意冷。佛教變成一個大雜院，吵嘴磨牙，打架鬪毆……無日不有，這眞是末法的衰相了！？」前引書，頁 178 云：「大師 (章嘉活佛) 一去，佛教未來的領袖，將又有一番逐鹿！不過，我相信醫翁授權制度，對常務理事的三頭馬車制，殊感乏味！」

〔註 37〕鄭志明〈藏傳佛教在臺發展的現況與省思〉，《普門學報》第 30 期，頁 104～105 云：『西藏佛教與國民政府的關係不太友善，只有蒙古的七世章嘉仁波切與五世甘珠瓦爾仁波切隨著國民政府遷臺，1959 年中共完全控制西藏，14 世達賴喇嘛流亡印度後，初期也禁止藏僧與臺灣政府來往，1961 年三世格賴達吉仁波切以康巴族抗暴軍名義來臺安頓，前弘期的格魯派，主要市以達賴喇嘛控制所不及的西康康巴族的繼承系統。』

〔註 38〕《白公上人光壽錄》，頁 810。對於中國佛教會與白聖長老，樂觀法師說：「白法師自被選任爲中佛會理事長之後，最近二三年來，他是更加積極，特別活躍。中佛會在過去，大家所知道的，那是一塊腐而且朽的空洞招牌，自從他上台以後，努力振作，撥亂反正，大刀闊斧，多方興革，卻做得有聲有色，活靈活現，居然把中佛會做成強有力的中心，成爲自由中國佛教反共的堡壘，這全是他精神願力與才能的表現。最進，白聖法師爲了迎合時代的需要，又率領『中國佛教訪問團』，去到東南亞個佛教訪問。」(《白公上人光壽錄》「民國 52 年」，頁 466。) 到了民國 66 年發生教界制度改革得爭論，尤其是「和尚結婚問題」，白聖法師受到攻詰。開證法師在〈從評白老談到我對近代教團的感慨〉文中說：「大家都可以看出，白老的年事已過，他早想卸領導的責任，所以他領導教團的時代將成歷史，今後的佛教不應該是白老一人的責任，也用不著過份的評責他，問題在我們今後應如何來努力團結，建立一個更理想、

課程大致相同，政府因爲政策的考量對佛教教育置之不問而聽其自然。〔註 39〕爲了因應現代化的社會，理想的佛學院與寺廟的問題、學校叢林化〔註 40〕以及尼眾的教育〔註41〕、佈教及其方式，〔註42〕接引知識青年〔註43〕、素食館〔註44〕等，變成教界關注的問題。

70 年代可謂佛教面臨到非要全面檢討與非改革不可的階段，因爲教界一向守舊而又長老凋零，而他們也知曉外道的「腦筋太新，眼光太廣」，〔註45〕新興宗教〔註 46〕不斷地在成長、尼眾另樹一支問題，〔註 47〕衝擊到佛教的生

更有魄力、健全完美的僧團，來推動佛教的使命，否則佛教非進即退，世界日新月異，時刻在變，外教也在訊速進化中（言無他，他們的腦筋太新、眼光太廣），反觀我教，有史以來，守古不化，日日退縮，永遠落後，可悲！」（《白公上人光壽錄》「民國 66 年」，頁 793～794。）星雲法師在〈讀開證法師大作有感〉文中說：「白聖法師領導中國佛教近 30 年，早就有人批評他是名僧而不是高僧，難道名僧也不好嗎？」（《白公上人光壽錄》「民國 66 年」，頁 793～794；另見《中國佛教月刊》第 17 卷第 1 期）明復法師所編著的《白公上人光壽錄》出世後，白聖長老的德行才眞的讓教界知曉。

〔註 39〕釋南亭〈如何健全佛教教義〉，《南亭和尚全集》（79 年 9 月，華嚴蓮社），頁 2～3。

〔註 40〕釋南亭〈如何辦好一所理想的佛學院〉，《南亭和尚全集》，頁 4～9。

〔註 41〕釋南亭〈談談尼眾的教育〉，《南亭和尚全集》，頁 10～13。

〔註 42〕釋南亭〈臺灣佛教之片段〉，《南亭和尚全集》，頁 332 云：「至於佛教要滲入民間，這責認就到了都市裡大小寺院了。都市裡寺院，本來都是佈教所，只要個寺院當局能眞俗雙融，運用得當，與山地叢林表裡配合，就可使佛教不趨於厭世和消極。這責任就有賴於今後的我們來努力了。」（民國 40 年 1 月 2 日於新北投居士林之味蘭軒）另見釋南亭〈佛教宣傳品應該簡單化的建議〉，《南亭和尚全集》，頁 365～368。

〔註 43〕釋南亭〈如何接引知識青年學佛〉，《南亭和尚全集》，頁 369～371。另見釋南亭〈如何引導青少年出家〉，《南亭和尚全集》（民國 59 年 2 月，華嚴蓮社），頁 372～376。

〔註 44〕釋南亭〈提倡素食館〉，《南亭和尚全集》，頁 377～378。

〔註 45〕《白公上人光壽錄》「民國 66 年」，頁 794；另見釋開證〈從評白老談到我對近代教團的感慨〉，《中國佛教月刊》第 16 卷第 12 期。

〔註 46〕佛教界的人間佛教教團如佛光山、慈濟功德會等，被學者歸類爲新興宗教，以示有別於傳統佛教教團，參見鄭志明〈藏傳佛教在臺發展的現況與省思〉一文，《普門學報》第 30 期，頁 110。

〔註 47〕《白公上人光壽錄》「民國 69 年——回憶天乙尼一生的事蹟」，頁 845 云：「至於天一（民 13～69）本人，除了住持四處道場之外，每次都參加傳授三壇大戒爲引贊師，領導尼眾講戒、持戒，結夏安居，很少間斷。尤其對她們門下弟子管教甚嚴，如讓她假以天年，將來在尼眾中亦可另樹一支，因未來的佛教，尼眾仍要居多數。（現在事實如此，將來當可預言）不幸她 50 幾歲已與世長辭，便想再找她那樣有機礎的尼眾，實在不可多得。」尼眾隨意出家的

態，教界所提出的宗教法人與寺廟教堂條例問題不是無的放矢，〔註 48〕但卻引起宗教界與社會人士的爭論。宗教信仰的自由，在臺灣已經是不可擋的趨勢，各方勢力在競逐市場，相較之下佛教在中國佛教會領導之下已顯得保守許多，「修行的批評辦佛事的，辦佛事的輕忽修行」，〔註 49〕辦事的與修行的佛學素養欠佳而漠視佛學與學術研究，而居士對出家心存觀望因教界風氣的緣故，老和尚被視爲「寶貝了」，佛教傳承是個大問題。宗教內部問題之外，大陸的佛教也大起變化，讓教界更是憂心忡忡。明復法師說：「最近訪問過中國大陸的亞細亞大學亞洲大學研究所主任梶村昇說，佛寺已在珠國大陸上消失不見。一些仍存在的寺院已不再具有宗教意義，因爲那兒從未舉行任何宗教儀式。他曾於今年（民國 68 年）9 月訪問北平、鄭州、開封、洛陽與西安，主要目的是看一看古大中國的寺廟。他說，在北平已無任何佛寺存在。他說，位於鄭州郊外嵩山的少林寺，已成一座廢寺，因爲一些佛像已被收了起來，本堂變成一間臥室，誦經堂也成了倉庫。他說，現有 4 名和尚住在少林寺，但是從不舉行任何宗教儀式。第 6 世紀修建的開封相國寺已經修竣，但卻成了一座遊樂場，沒有和尚也沒有佛像，佛像僅供觀看，沒有任何宗教儀式。梶村昇教授說，在他訪問中國大陸期間，僅有西安一座回教寺院舉行宗教儀

問題，印光法師早已發出警語，其在〈復泰順謝融脱居士書二〉文中說：「女若眞修，出家反難，以動則輒招世譏嫌，諸凡難隨己意也。加上揀擇制度，不度尼僧，乃末世護持佛法，整理法門之第一要義。」（《印光法師文鈔（一）》第 1 卷，頁 23）但臺灣自日治以來，尼僧日眾，國人對女姓出家也較包容，而其在教界中表現出色者日益增多；未來尼眾最需要的當是自組戒律嚴明的教團，以及有良好訓練的威儀風範。

〔註 48〕《白公上人光壽錄》「民國 68 年——教團」，頁 834 云：「行政院於 5 月 21 日下午 3 時，在該院新聞局召開宗教法律座談會行政院政務委員高玉樹主持會議。中國佛教會了中秘書長應邀出席，其他道教、回教、天主教、基督教、軒轅教等各宗代表 20 餘人參加座談。據了中法師說，會議的名稱雖然是宗教法律座談，實際上是討論有關寺廟教堂條例。中師於會中建議廢除寺廟財團法人制度，應更改爲宗教法人，其組成分子應以具有宗教師資格者爲主體。」佛教界是站在維護僧尼的戒律與威儀，以及佛法能良性住世爲前提，本無可厚非，但如是作爲，會讓政府與中國佛教會對宗教的態度可能恢復到威權式的統制，有違民主與宗教信仰自由的原則，還背離時代潮流與國家的良性發展，所以宗教學者與社會學家群起反對，要政府公部門與宗教界有力人士能更加審細。《白公上人光壽錄》「民國 68 年——政經」，頁 837 云：「內政部擬具『寺廟教堂管理條例草案』，遭遇具有國際性組織之教會全力反對。」

〔註 49〕釋星雲〈讀開證法師大作有感〉，《白公上人光壽錄》「民國 66 年」，頁 795；另見《中國佛教月刊》第 17 卷第 1 期。

式。他說，但僅准少許人膜拜。他說。聽說在西安西北有一座喇嘛寺，供蒙古人舉行宗教儀式。」〔註 50〕在中國大陸，宗教如同中共所說的僅因爲少數民族在信仰上是有所的需要的，所以部份寺院保留其儀式讓少數人膜拜，而民眾包括僧尼都要投入生產。美國與中國建交，中華民國持漢賊不兩立原則毅然退出了聯合國，中國的宗教政策轉變了，佛教界也要因應這個問題。明復法師說：「中國佛教會理事長白聖長老，出席該會第 4 次常務理事會議，在會議中報告最近共匪別用佛教，在海外作統戰活動情形，並指示積極採取對策，粉碎其陰謀，爲今後會會務工作重點。據老法師說：『自美匪建交後，匪共展開統戰陰謀，積極拉攏海外佛教領袖，誘引海外華僧回歸大陸，籌開世界佛教會議。』據最近星馬港九佛教同道向老法師報稱：『共匪自與卡特政府建交後，突然一反過去 30 年來，破害宗教人士，禁止信仰自由，殘害佛門子弟，破壞名勝古蹟毒辣政策，現正採虛假手段，整修部份供外人瞻仰的名山道場，玩弄鬼域技倆，以假亂眞。並向星馬港九等海外地區佛教界領袖，發出邀請函件，企圖誘引海外華僧回歸大陸，重整昔日叢林而參加匪僞擬召開的世界佛教會議。』」〔註 51〕

因此，教界面臨到無可奈何的環境之外也不忘記要自我期許，如南亭法師說的：「哎！如之何才能培養出有眞正佛教信仰，而以佛教法則去軌範身心，更能以紹隆佛種爲職志的眞正佛教徒？那祇有從我們來做起。以無我、人、眾生、壽者的心理去用力耕耘，不求收穫。」〔註 52〕但臺灣人卻很會開創新局勢，從先民以來努力墾植、打拼，到現在國家公民意識高漲，把打拼的心行以及美好的文化，推展到大陸以及國際舞台上，這不僅是務實外交問題。說到臺灣的歷史傳承與文化典範，臺灣是創造出不少的奇蹟，讓世人產生不少觀瞻與景仰，蕞爾小島也被世人多所認知。但這些成就，是由來有自的。「戰後，國民政府接收臺灣，以新的統治樣態登場，在既有文化的成就上，繼續推動各種建設，家以國際間互動頻繁，異國文化爭相傳入，使得臺灣這塊島嶼，成爲各種族群文化、新舊文化、中西文化的既爭妍鬥豔又融合寬納的場域，這就是臺灣的多元性文化。」〔註 53〕如往前說，自 16 世紀臺灣經歷過所謂外來政權的侵進與洗禮，加上原住民與漢人、客家人生活方式、民情

〔註 50〕《白公上人光壽錄》「民國 68 年大事——教團」，頁 833。
〔註 51〕《白公上人光壽錄》「民國 68 年大事——教團」，頁 833～834。
〔註 52〕釋南亭〈慈航中學畢業典禮點滴〉，《南亭和尚全集》，頁 23。
〔註 53〕陳進傳《歷史傳承與文化典範》（2006 年 8 月，新文京開發），頁 183。

習俗等，凡此都使臺灣文化具有多元性的特徵。〔註 54〕因爲臺灣文化多元性，在保存良好文化以及文化創意上，必然要遵重其同處以及各地區、各宗教的優質性與差別性，不能偏頗於一隅。〔註 55〕

近 20 年來政府重視文化活動其意象，必然有其正、負面的回響，王淑端在〈臺灣的節慶與祭典〉文中說：「面對 100 新節慶，在臺灣本島及離島各地展開，讓然們有機會體驗臺灣各地的自然環境、風土民情、產業特色及生活文化。對當地們而言，在節慶活動過程中，可以看到地方對文化投注的心力，更爲地方產業帶來振興的新契機，與觀光的人潮、商業利益，使經濟與文化結合。」〔註 56〕連學術、文化藝文活動等創意產業，都從西化、本土化、現代化中，逐漸走上文化交流下的全球化與現代性，但不能忽略的還是本土傳統文化上的奮進問題，〔註 57〕如同儒者所強調的，好的保存發揚，美久而佳，「變革而益上」，在文化交流下使之能造福於其他地方的人類，爲世界文化的奮進貢獻一份心力。

解嚴後的臺灣，宗教與政府間的關係大有轉變，不僅是宗教的生態隨著自由、民主的意識高漲而產生很大的變化，宗教活動也被融入國家整體發展的一個重要環節，〔註 58〕佛教在國民教化上顯得重要許多，有助於淨化人心，

〔註 54〕何錦山《閩臺區域文化》(2000 年 3 月，廈門大學出版社)，頁 30。

〔註 55〕對於宗教文化方面，劉易齋在《宗教社會化與國家發展之研究》，頁 466 云：「爲重振固有傳統美德，發揚中國宗法性思想的社會教化功能，宜由政府結合民間宗教團體，結集理論、規劃制度、建構具有民族特色與人倫規範的祭祖崇道禮儀（以不破壞生態、不鼓勵燒冥紙、不大肆宰殺生靈的智信儀軌爲前題)，普傳施教，以蔚爲可長可久之善良風俗。」從政府播遷來臺之後，爲復興中華文化，政府與宗教界曾爲此而付出不少心力。

〔註 56〕劉燕儷主編《臺灣歷史與文化》，頁 238。

〔註 57〕王淑端在〈臺灣的節慶與祭典〉文中說：「在臺灣新興節慶活動，雖不免避免政治與經濟利益的影響，但應壁免流於形式化，以免熱鬧有經濟利益的影響。但應避免流於形式化，以避免熱鬧有餘而深度不足，導致膚淺化與世俗化之弊。一個節慶的永續經營，令人一再參與，節慶內涵中有深厚的歷史文化背景，正是其歷久不衰的主要因素，此或許爲臺灣的新興節慶所缺的一個面向。因此如何經營新節慶，適時加入創意與創新的元素，將是未來努力的方向。(劉燕儷主編《臺灣歷史與文化》，頁 239。)

〔註 58〕《白公上人光壽錄》「民國 69 年大事——設教」，頁 855 云：「內政部於 12 月 22 日上午舉行座談會，邀請佛教界人士參加，由內政部部長邱創煥及中國國民黨中央社會工作會主任蕭天讚主持，到場的有省市佛教會及縣市支會重要負責人 20 餘人，座談會的重點，在於如何以寺廟的影響力，來協助政府推行國家建設，他們一致認爲：一、寺廟應配合迎接自強年的活動，以寺廟的力

宗教的權利也逐漸被政府所採納如教課程納入正歸的教育體系〔註 59〕、開放社團之組成以及大學之成立。政教間的關係，除了傳統文化、君主的統治思維以及民眾對宗教的認同之外，因素還有許多，如張訓謀在〈政教關係和宗教事務管理模式初探〉文中說：「影響政教關係的因素還有很多，如國家的民主化程度與法制化進程、國際大環境的影響等。在全球化日益發展的今天，國際大環境對單一國家的政教關係的影響越來越明顯，在這方面最顯著的因素是國際法與國際公約的規範和約束。在當今世界，宗教信仰自由被公認為是公民的一項基本權利，越來越多的國家在國家法律中明確規定公民的宗教信仰自由權利並通過立法保障這種權利，這對確立有國立教會、官方宗教或單一主要宗教傳統的國家的政教關係來說是一種衝擊，對反對公民改變宗教信仰的一些東正教國家和伊斯蘭國家來說也是一個挑戰。當然這裡面也有各種文化的衝突與強權政治的因素，我們對此也要有清醒的認識。」〔註 60〕大陸在反省國立教會的問題，臺灣在放鬆威權的統治，然而都不放棄對宗教的管理政策，只是方式有別罷了。

臺灣在多元文化衝擊下，必然產生一些社會問題，但在此氛圍中，卻也「展現出驚人的文化生命力與異質性。」〔註 61〕但這種文化多元與文化異質的後現代，所顯示的現象，更有甚於一般人所能目睹與聽聞的社會現象，特別是科技的進步、資訊的發達，帶來的文化整合，如宗教文化藝術、電影、戲劇、音樂、舞蹈、家電皆可透過電腦數位化而獲得整合，「甚至西方與東方、傳統與現代、全球化與地方化，也因此受惠，達到某種程度的整合。」〔註 62〕就實質來說，這種文化交流與創進，如同佛教的中國化歷程與成就，是「完成世界文化的融匯與創進，使作高度展現」，這種現象與心行也是「人類文化史上極其偉大、宏富之事業。」〔註 63〕

量來影響信徒自立自強。二，寺廟應配合政府改善社會風氣的計劃，影響信徒力戒奢侈浪費之風，而過簡單樸素的生活。三、以寺廟的力量多作社會公益事業，一增進附近地區民眾的精神生活，並改善當地的生活環境。」

〔註 59〕《白公上人光壽錄》「民國 69 年大事——設教」，頁 856 云：「教育部決定自 69 學年起，各大學院校可開設研究宗教教義的選修課程，以使宗教課程納入正規的教育體系。」

〔註 60〕張訓謀《歐美政教關係研究》（2002 年 3 月，北京宗教文化出版社），頁 5。

〔註 61〕吳念眞《臺灣念眞情》（麥田出版公司，1998 年 2 月），頁 85～86。

〔註 62〕陳進傳，前引書，頁 185。

〔註 63〕賴建成在〈佛教之中國化〉，古代歷史文化研究輯刊三編第 12 冊《吳越佛教此外，文化多元與異質，受到科技文化的衝擊與引進，其影響尙方興未艾。但可以預期到其對人類產生的影響，因爲有全球化通路爲媒介，所以其效力當是無遠弗屆的，應該提早防範，並考慮好應變之道。公民教育，除了專業知能的教育之外，全人教育與生命教育，也是一大課題，但不能以爲做好如是的規畫就可以交待了。有鑑於此，從文化多元與異質的情境中，帶給我們一些新的啓發與思維，它們彰顯了三層意義在。沈清松以爲，「第一，自我認同：每個族群都是其成員自我認同的依據，不可自毀長城，去根忘本，而要努力繼承和發揚，作爲自我認同與自我發展的依據。第二，互相尊重：各單位的文化各具有特色，也能形成其成員生命意義的核心，所以理應彼此尊重，交叉承認。第三，互相豐富：由於各族群的文化各有特色，各有所長，當然亦有其短，因此可以藉彼之長，補己之短，在相互對比之中，了解自己，進而往來扶持，互相豐富。」〔註 64〕在全球化、現代性的進程中，很多有心人士是大力疾聲的呼籲，但社會上仍然不會少掉短利與私利者，但只要彼此不侵犯，各自爲政也能創造出美好的成就出來，合攏起來也是一個大世界文化圈。

臺灣已邁入 21 世紀，在 20 世紀行將結束前固然有不少好的發展與成就，劉廣華說：「臺灣跨入 20 世紀 90 年代後，匯合著穩定成長與變遷發展的樣態，邁入國家發展的整合階段。這種整合是包含了政治、社會、心理、文化、教育、外交、國防等面向、立體性的適應與統整。宗教界也不遑多讓的與時俱進，在資源汲取、人文孕育、心靈陶冶、社會教化、生態環保、僧伽教育、醫療保健、賑災救濟與慧命傳承等方面，均有朝向制度化、資訊化、學術化、現代化的發展趨勢。〔註 65〕」20 世紀的人類在精神文明與物質文明的快速與高速的發展，固然產生了不少所謂的速食文化，乍看之下是美好的，可粉飾太平安康的，但有形、無形中都潛藏著許多危機在。這是不平衡所造成的，莊懷義在〈創造人類文明的新境界〉文中說：「區域性的不平衡使得這個世界，進步與落後，富裕與貧窮，過剩與缺乏並存，而且對立。而物質文明與精神文明的失衡，更是使得文明與野蠻，不僅同時存在於一個世界，而且是同時存在於一個社會，甚至於一個個人。這將使文明的發展，失去其心靈根本，失去其生機。」〔註 66〕由是，身心靈的教育，便成 21 世紀全人教育與生命教育的核心，而說身心靈教育

之發展》（花木蘭出版社，201 年 03 月），頁 2。

〔註 64〕沈清松《臺灣精神與文化發展》（臺北商務印書館，2001 年 4 月），頁 92～103。

〔註 65〕劉易齋，前引書，頁 426。

〔註 66〕莊懷義，前引書，頁 422～423。

最多的則屬哲學與宗教範疇了，因此國家更要使哲學與宗教列入公民教育的課程中，培養出具有高尚品德的現代人，而人的品質教育，不是一蹴可成，定要學子包括社會人士從做中學習、長期熏陶中養成。

人類的精神文明當中，精神心靈是其生機，不論其是個體的或群體的，都要統合在一塊，其間意識的覺醒很是重要，這關涉到一個人或族群的生存與發展。如同莊懷義說：「每一個民族的發展，都要有它的原始心靈做基礎，民族的生機就在精神心靈。人類也要有人類的共同心靈，人類文明的發展生機也在經神。因此，勿質文明與精神文明的失衡，不僅是許多問題的來源，也是人類未來文明發展的危機。」〔註67〕未來的21世紀中，人類要覺醒一個問題：「人類如果要彌補文明發展的缺失，不是去壓抑科技的進步，降低物質文明的層次，而是要讓物質文明繼續的發展，因爲物質條件是人類文明發展中很重要的因素，人類在物質文明的進步中，追求精神文明的發展，追求物質與精神的平衡。」〔註68〕這就屬於情感與理智的問題了，所以人類要在新世紀中建立新的思維、新的倫理觀以及新的價值體系，讓人類能在科技籠罩的生活中維持其人性的尊嚴、自信與完整、情感與自由，用精神或心靈來賦予物質文明更崇高的意義或價值，使得新世紀的文明由是開展出更活潑的生機來。

70年代以後，佛教已有三所中學，但尚無一所大學，當時國內和尚及尼眾的總數約在二萬人左右，其中尼眾人數比和尚多出一大截，〔註69〕佛教內部不時發出了改革的聲浪，以因應世局的發展以及社會的變遷，但佛教界還是有一部份人保守於傳統，〔註70〕不依隨著人間佛教之路。臺灣的儒道文化，因爲是傳統的關係，早就深入民心了而展現在常民的生活、節慶禮俗以及廟會活動之中。儘管教團保守，佛教在臺灣的努力，卻是有目共睹的，其理念在成就是全方位的，其教化模式深受道教人士所推崇，呼籲起而效法。〔註71〕

〔註67〕莊懷義，前引書，頁423。
〔註68〕莊懷義，前引書，頁423。
〔註69〕崔岡〈佛教改革的爭議〉，民國66年11月16日《中央日報》第6版。
〔註70〕《白公上人光壽錄》，頁783～798。
〔註71〕徐玉蘭〈道德能量性是維繫道教繼承與發展的血液和命脈〉，《第四屆香港道教文化國際研討會論文集》，頁50云：「道教的入世弘揚需要吐故納新。在爲之於細方面，佛家做出了很好的表率，其足跡幾乎遍及了自然、社會、人文、家庭倫理、文化教育以及音美學科等所有領域，並且利用現代科技，極力豐富宣傳的方法、種類和形式，豐富多彩的方式拉近了佛學與人們現實生活的反差與距離。在生活、工作、學習以及衣食住行等各個領域中，幾乎都可以

在臺灣諸宗教在文化融會的現象多見，不僅在信眾、教義，連教化活動的模式、信徒的聯繫及其組織管理，在發展上也有雷同之處。公民意識的高漲，影響到諸宗教的傳教方式，道場的觀念改變成多元與不定處所，這表現在佛道的信仰上最是明顯。宗教經營事業如販銷書籍、開展藝場、賣靈骨塔與飾物、成立旅店、提供餐食等，與俗世有關的一切營生活動都一一的推陳出新的面貌來，包裝以宗教倫理與信仰之色彩。傳統宗教、新興宗教、人生宗教或人間宗教還有神壇、鸞堂等，一一並榮於臺灣大地，讓緣合者去會取。

研究臺灣的宗教，除了天主教、基督教與民間信仰之外，我們不能忽略儒、釋、道三家思想還有它們的影響力。任繼愈說「研究道教，不離開佛教，也不能離開儒教。佛教與到教看起來長期有爭論，事實上這兩教基本上同興衰、同榮辱、同命運。佛道兩教均受過政治壓迫、迫害，佛教遭受的政治打擊的次數比道教還要多些，原因在於他們的勢力強大，達到與國爭利的地步，政府就出來干預。佛道兩教互相吸收，道教吸收佛教的東西更多於佛教吸收道教的。」〔註72〕又說：「中國的佛教早已中國化，佛道兩教相比較，道教更具有中國封建社會農民的樸素意識，道教似不及佛教機巧。」〔註73〕在臺灣，佛教可以說是臺灣化了，在與民間信仰相較之下，信徒是比較少，連原住民的信仰都是民間信仰人數比佛教多，〔註74〕這是因爲民間信仰較佛教有親和力、功利性與實惠性的關係，而道教在弘化上反而不如佛教機巧，所以在中高層知識份子方面佛教的信徒較多、素質也佳；在人間佛教與人生道教方面來看，跟修行方面一樣，則各有千秋了！

在臺灣也流行過現代禪熱、氣功熱與密宗熱，其中禪學研究以及禪修的盛行傳入大陸引發中國80年代的禪學熱；而氣功熱，一部份是本土產生的，一部份受到大陸人強調氣功健身、養生的影響，另外是生活富足了產生文明病，人們的渴求治病、身健、長壽；禪修、氣功加上神通熱，引發了一些新

看到佛學善意的滲透和指導。」

〔註72〕任繼愈《中國道教史》「序」，頁6。

〔註73〕任繼愈，前引書「序」，頁6。

〔註74〕關於原住民的宗教信仰，請參見葉振輝《臺灣開發史》，頁183「表11-4 臺灣原住民宗教信仰分布1996年」。在臺灣原住民各族，以信仰廣義的基督教爲多，其次是民間信仰與道教，佛教排在最後。臺灣史上各時代政權對原住民宗教信仰，有不同程度的影響或破壞，從1996年行政院原住民委原會的調查可知，很難找到關於原住民特有的傳統宗教信仰名稱。但近年來隨著咒術、神壇的發達，以及本土意識的高漲，原住民巫術有興起的跡象，各項慶典祭儀在重建。

興教派在臺灣的崛起，如青海無上師、妙天禪師、宋七力的顯相館。至密宗熱，臺灣也流行過一陣子，「民間的宗教英才『遊宗』到藏密傳佛教，如鸞堂的楊贊儒與林重修等人，改以上師的身份弘法，助長了藏傳佛教深入民間信眾的發展勢力。」〔註 75〕臺灣的民間信仰如神壇、鸞堂中人或顯教中人吸收或繼承或遊宗於藏密後，發展出的宗教文化，具有濃厚的本土性，很值得觀察。此外，顯教中的僧尼對藏傳佛教的態度也有所改變，由排斥到護持〔註 76〕乃至於遊宗，進而護持藏傳佛教。近年來，藏傳佛教表面上砍看起來在臺灣是澎勃開展了，卻受限於經濟條件而空洞化；臺灣的信徒大抵上只是遊宗不入教理，夾雜著功利的色彩；加上大部份喇嘛存著過渡的心態，缺乏在臺紮根的具體努力，難以吸收信眾持續的投入與參與。〔註 77〕反而流亡海外的盧勝彥打著眞佛宗之名，在從事本土化、國際化以及前進大陸之行，未來將形成本土密宗的流派之一。鄭志明說：「藏傳佛教要在臺灣生根發展，必須有完整的傳法典籍與文獻。讓弟子有修學的憑依與基礎，不能只靠開示的法語沈迷在對上師的崇拜上，失去了依法不依人的信仰教養。教團要指引信徒正確的修行法門，就應該在著譯與出版事業上下點功夫，才有助於知見領域的開拓，避免負面不正卻信息的流通。」〔註 78〕我想這是學者對密宗的看法，修道者都知道：「法在經教之前出」，「道在聖傳修在己」，「善由人積不在天」，「眞參實證功自深」，經教看多了不會取、不悟入、不修煉，徒生知見，於法無益。

至於臺灣佛教史的研究，在史料與文獻方面，闞正宗在〈戰後臺灣佛教史料的查找與運用〉文中說：「戰後臺灣佛教的發展，不同於清代與日據時代。研究清代臺灣佛教的發展，主要還是必須依賴官方檔案文獻；而日據時代臺灣佛教的發展，除了總督府正式的文書之外，由官方所主導的期刊，如《南

〔註 75〕鄭志明〈藏傳佛教在臺發展的現況與省思〉，《普門學報》第 30 卷，頁 114。

〔註 76〕鄭志明，前引書，《普門學報》第 30 卷，頁 117～118 云：「臺灣目前藏傳佛學的研究是歐陽無畏所培養一批臺籍的學術人才，進入到漢傳的佛學研究所所帶動藏文與密教的學術風氣，如中華、法光、圓光、福嚴等佛學研究所開設有藏文與藏文佛典等課程，還有南華大學、玄奘大學、佛光人文社會學院等宗教研究所也重視藏文與藏文佛典的教學。反觀各派藏傳佛教在臺佛學院的規模不大，在藏文教學上都難以爲績，更何況佛學的學術研究。臺灣藏傳佛教的學術研究反而要借助本土佛教團體的協助，如中華佛學研究所在蒙藏委員會、蒙藏基金會、臺灣西藏交流基今會等單位的共同補助下，成立『漢藏佛教文化交流研究班』、『漢藏佛教翻譯人材培訓班』等來代訓人才。」

〔註 77〕鄭志明，前引書，《普門學報》第 30 卷，頁 114。

〔註 78〕鄭志明，前引書，《普門學報》第 30 卷，頁 118。

瀛佛教》，近年來成爲研究日據時代臺灣佛教不可或缺的重要資料。而日據時代無論官方或民間所發行的報紙，似乎也成爲研究者的一項利器，例如《臺灣日日新報》等。另外，日據時代日本佛教各宗的布教資料，如曹洞宗的《宗報》等，也是研究者必須加以注意的。至於戰後臺灣佛教的研究，在史料運用上，基本上雖也有來自官方的文獻史料，但是由於內容的深度及廣度不足，所以研究者運用的並不太多。不過，最近一些地方縣市已開始從事地方誌的編纂工作，特別是宗教誌，或許將會有不同的面貌出現。戰後臺灣佛教的研究，與清代或日據時代不同的原因，並非因爲缺乏資料，而是它的史料特別龐雜，因此在運用上有其難度。戰後臺灣佛教是站在『人間佛教』的面向上開展出來的，因此特別注意文字的弘法，其主要目的是釐清神佛之分、法義之辯，所以佛教的雜誌、期刊就如雨後春筍般地紛紛創辦。故利用相關期刊進行研究，是其中最重要的。其次，法師、居士的日記、回憶錄、追思錄或年譜，也是有效處理歷史相關事件的參考。其他的還有如同戒錄、講經集、特刊、寺誌、沿革誌等，也是研究當代臺灣佛教所必須搜羅的。」〔註 79〕

至於學者的論著與田野調查也是蠻重要的一環，闞正宗在〈戰後臺灣佛教史料的查找與運用〉文中說：「當代研究臺灣佛教的學者雖然不多，但卻是臺灣佛教史重現的重要耕耘者，如藍吉富、楊惠南、江燦騰、釋慧嚴、李玉珍、顏尚文、王見川、李世偉等的著作或單篇論文，都是研究者必須密切注意的。隨著佛教辦學的成果，一些宗教研究所如玄奘、南華、華梵、佛光等大學，已經有不少研究生以臺灣佛教發展史或人物史爲論文，甚至一些傳統的佛研所如圓光、元亨、中華等，也有僧眾以臺灣佛教畢業論文，這些都是很値得注意的。不過，臺灣佛教的研究，特別是戰後這一時期，由於史料的龐雜，因此，只要用心收集，其實並不會太難。但是，由於與我們身處的時代太過於接近，如果光從史料作分析，會很容易產生盲點，可能與實際有落差，因此配合田野調查也是有實際上的需要。」〔註 80〕此外，宗教間的對話與交流，不論是制度宗教之間，或者是傳統宗教人士與新興宗教間的爭辯，也當是研究當代佛教發展的一個重要面向。

除了上述的學者專家之外，玄奘大學的黃運喜對宗教的研究，也頗値得我們加以重視，因爲歷史是一脈相承的，有其深度與廣度，探討臺灣宗教的

〔註 79〕《佛教圖書館館訊》第 39 期，頁 1，民國 93 年 9 月。
〔註 80〕《佛教圖書館館訊》第 39 期，頁 14，民國 93 年 9 月。

發展要採取全方位、多元性的觀察。其著作有《民國時期寺廟管理法規的演變》(95 年 11 月，廣東深圳弘法寺)、《中國佛教近代法難之研究(1898～1937)》(95 年 6 月，桃園法界出版社)、《宗教人的冒險精神——以玄奘、馬偕爲例》(94 年 1 月，新竹中信義神學院《基督教與佛教的對話——宗教對話學術研討會論文集》)、《新竹縣寺廟傳統與現代的對話專輯》(94 年 12 月，新竹縣政府)、《從人文教育觀點看玄奘宗教學系所的發展與願景》(90 年 11 月，玄奘大學人文教育專刊)、《佛教的生命禮俗與歲時祭儀》(88 年，眞理大學宗教知識教育基本教材)、《佛教的僧團組織及制度》(88，眞理大學宗教知識教育基本教材)等，研討會的論文也很多，如〈新竹市香山港口寺廟與信仰特色〉(97 年 7 月，臺灣宗教學會「當代臺灣宗教學術研討會」)、〈臺灣寺廟財產問題分析——以遺產繼承爲例〉(96 年 12，高雄中華佛寺協會「臺灣佛教的過去、現在與未來」學術研討會)、〈明復法師在中國佛教史研究的貢獻〉(95 年 5 月，臺北大學「紀念明復法師圓寂一週年學術論文研討會」)、〈地方開發與寺廟發展之關係〉(94 年 12 月，南投「第六屆紀念涵靜老人宗教學術研討會」)、〈新竹縣寺廟變遷與發展〉(94 年 11 月，玄奘大學客家研究中心「新竹縣寺廟基礎調查成果發表會」)、〈佛教在臺灣創辦大學之理念與實務經驗——以玄奘大學爲例〉(94 年 9 月，中國承德「人間佛教的思想與實踐學術研討會」)、〈當代臺灣寺院經濟與經營〉(93 年 5 月，新竹中華信義神學院「第一屆宗教對話學術研討會」)等。〔註 81〕

昭慧法師除了宗教倫理、法律與戒律以及對社會現象的評論之外，有《千載沉吟——新世紀的佛教女性思維》(90 年 5 初版，91 年 4 月再版，臺北法界出版社)、《世紀新聲——當代臺灣佛教的入世與出世之爭》(91 年 4 月，法界出版社)、《「人間佛教」試煉場》(87 年 10 月，法界出版社、淨心文教基金會)、《人間佛教的播種者》(84 年 7 月，東大圖書公司)〈臺灣佛教之發展及其特色〉(92 年 3 月，臺灣教授協會「臺灣文化本土化研討會」)、〈佛教比丘尼與臺灣社會〉(91 年 12 月，香港中文大學「the Workshop on "Gender and Religion"」)、〈臺灣佛教之榮景及其隱憂〉(91 年 10 月，中國人民大學宗教研究所)、〈新世紀的佛門女性運動——當代比丘尼抗拒不平等條約的「臺灣經驗」〉(91 年 7 月，第七屆國際佛教婦女大會)、〈人間佛教行者的「現身說法」

〔註 81〕玄奘大學宗教學系黃運喜的學經歷著作：
http://ird.hcu.edu.tw/front/bin/ptdetail.phtml?Part=teacher1&Category=44。

——從提倡動物權到提倡佛門女權〉（91 年 4 月，「第三屆「人間佛教與當代對話——印順導師思想之理論與實踐」學術研討會」）、〈佛教與社會運動〉（88 年 11 月，「臺灣國是會議國際學術研討會」）；慧嚴法師的著作有《臺閩日佛教交流史》（96 年 5 月，高雄）、《臺灣佛教史論文集》（92 年 1 月，高雄），論文有〈略探尼僧在臺灣教史上的地位〉、〈從來臺日本佛教的傳布看宗教本土化〉、〈日治時代來臺淨土宗及淨土眞宗的文教事業〉等。

關於民間信仰的研究，〔註 82〕臺灣在這方面的成果豐碩，但值得注意的是民間宗教中，包含許多儒釋道三家的思想與融通、變異的心行，這是研究佛教發展者所該留意的，而不是如宗教家只重視正信與邪命問題；對宗教家來說，當留心民眾信仰的轉折與變異，如此才有助於濟化或教化活動。關於民間信仰與佛教發展的問題方面，可以參見賴建成的《臺灣民間信仰、神壇與佛教發展之省思——臺灣宗教信仰的特質》（2006 年），〔註 83〕該書是一部論述 1949 年以來臺灣宗教的特質與發展狀態，書的獨特處是以佛教徒的立場來看臺灣諸宗教的發展。自從佛教傳入中國，佛教中國化就很深的，有的是佛教中人不論在理論、禪行以及日用上自然的融通，有的是佛教徒爲了便利行化上的善巧，這都使得佛教與民間信仰成了解不開的結，讓國人不瞭解哪些行法是佛教在印度時本有的，哪些行法跟中國社會的習俗融會在一塊，哪些行法是會通民間習俗使之增上，但在民眾的心眼裡則認爲都僅是一種法會或廟會活動，誰也無暇去分辨或眞的能說明得讓人信服，因爲中國的百姓是日用而不自知的，一切活動都說成根據習俗與傳統就不會錯的。在臺灣，佛教與傳統或民俗會通處頗多，如說信神與崇拜偶像是智愚問題〔註 84〕、有求必應問題。〔註 85〕由佛教大德的行持來看，不論是民初大陸的印光大師或從大陸初來的年輕學僧，初時或批判他教如儒家與密宗甚力，對民間信仰更不用說了，說是鬼道、乩仙之類的，但隨著年事越高、經驗豐厚，知道密法有其殊勝處，乃轉說各弘各的因佛法無二致；至於近年來的佛教僧人，從而講究對話與對其學術研究之扶持；對於民間信仰中，摻雜佛祖及菩薩的崇拜，

〔註 82〕在臺灣民間信仰的研究是一種顯學，論文與書籍，層出不窮，如林榮澤《臺灣民間宗教研究論集》（2007 年 10 月，一貫道義理編輯苑）。

〔註 83〕賴建成《臺灣民間信仰、神壇與佛教發展之省思——臺灣宗教信仰的特質》，2006 年 12 月，東大圖書。

〔註 84〕釋南亭〈佛教與倫理〉，《南亭和尚全集》，頁 45～49。

〔註 85〕釋聖嚴《正信的佛教》，頁 20～21。

只能說皈依三寶的好處以及信佛的殊勝處。〔註 86〕正信佛教教團中，存在不少民間信仰者，這是遊宗現象使然，那爲何臺灣人好遊宗，這有許多現象促成之，第一修行上的不滿足，二是心願上求舒解，三是崇拜高僧靈通人士，四是德行與學養上的追求。人間教團與正信佛教教團之中，存在著大量雜揉民間信仰或密教崇拜的信徒，使其在現代化過程中難免會讓人覺的俗化、山頭化，過重於入世的行化忽略了解脫道的行持，過度強調世間菩薩行的結果，使佛教的特質跟其他普世宗教看起來沒多大差別，長久以往這些教團會變成眞正的只辦佛事的人間佛教教團，未來佛教的發展勢必會生起激進的回復傳統佛教運動的僧尼與教團，只辦佛事的人間教團，如同大陸來臺的僧人所批駁、要改善的對象，因爲其不僧不俗、學養不高但貢高心、偶像崇拜心重，佛教還要面對這種尾大不掉的附佛外道，而不能如大陸學者所說的「人間佛教是必然要走的路」，〔註 87〕他們的話看似有理的，其實大有玄機在；佛教傳入中國，一向著重人生佛教與人間佛教，但大德們爲何不大大的揚舉它們，因爲以方便行取代殊勝行，以俗諦取代眞諦，在大乘佛法的社會裡頭哪一個僧尼敢說得出口，只能說是解脫道中不忘入世行化。過度強調人間佛教的結果，滿足那廣大人們的願行，佛教的修持變得低俗，其活動似那普及的佛事與法會，菩薩行被扭曲成崇拜山頭的偏執活動，你還不能說她們，不然謗佛、法、僧，或說你不是正信，怪哉！在臺灣信仰宗教自由，不入人間佛教教團的佛教徒，只能自行其事，或入傳統佛教之門，或遊宗到密教中去吸取養份，不然就是獨自信佛學佛了。

對於寺廟建築與藝術的研究方面，學者專家也是不少，當中以陳清香教授最是盡心，指導出來的研究生已是不少，其先生吳永猛教授在神壇薪火相傳上，更是不餘其力地在教導、獎掖後進。在宗教團體與寺廟管理方面，黃

〔註 86〕原書缺漏。

〔註 87〕許抗生〈人間佛教是當今世界佛教發展的必然趨勢〉,《普門學報》第 4 期(2001 年 7 月，佛光山文教基金會)，頁 1～7。臺灣的人間教團的性格，容易從其刊物上看出，雖然各教團的志行與口號看是不同，其實多是配合政府的政策與國際的潮流在做調整與變化，只是做的深做得淺，或者是一兩項目比它教團特殊耳，反觀其僧尼教育與人才之德行才是佛教所該提舉的、最當重視的，而不能僅把焦點放在方便行的殊勝上，因爲強調方便行的殊勝是要因引發人來尊重佛教，從而信佛、學佛。而民眾要學佛，僧尼們不能僅把人心全投注到佛事與社會公益活動之上，該重視人的法性與慧命，而不是都入我彀中來爲我辦事。

慶生著有《寺廟經營與管理》（2000 年 11 月）、《我國宗教團體法制之研究》（2003 年），其《寺廟經營與管理》〔註 88〕一書被譽爲可以看出當前「臺灣寺廟管理的一大步」〔註 89〕黃慶生因爲職務的關係，對臺灣的宗教亂象、宗教團體法、寺廟與教堂、祭祀公業、神明會、靈骨塔、調解委員會、宗教學院、神壇與新興宗教等課題，都有深入的瞭解與研究，林蓉芝在〈黃慶生著《寺廟經營與管理》的序言〉文中說：「身爲內政部民政司宗教科科長的他，經營相關業務多年，別人下班後，早把公務置諸腦後，黃先生卻不厭其煩地，把相關的問題一一整理研究。臺灣這一方面的問題，他是專家中的專家，我常常向他學習，獲益匪淺。在臺灣邁向 21 世紀的關鍵時刻，過去漢人社會的民間習慣法（如祭祀公業與神明會）與各種宗教活動（如寺廟與心興宗教），處在一個轉捩點上，如何讓它們順應時代潮流、納入正軌，以迄永續經營，這是黃先生與我經常秉燭長談，彼此共勉的重要課題。」〔註 90〕跟黃慶生交遊的學人甚多，如鄭志明、賴建成君也是，惜黃慶生因勞累過度跌倒受傷，最後退出公務，修養生息去，如今難面見了。

在臺灣研究宗教，不僅是探究宗教浮在表面的現象，對於隱藏的宗教心靈以及政府的宗教法規，也是要知曉的。黃慶生在〈揭開寺廟經營管理奧秘〉文中說：「近年來隨著臺灣地區宗教活動蓬勃發展，以及國內各大學院校宗教系所的逐漸開放設立，宗教慢慢在一般人的觀念中形成一種信仰和實踐體系的意識益發覺醒，藉由對聖事的服務與崇拜，將宗教的神蹟、神話、教義、儀軌、戒律、法典等構成宗教信仰特質的行爲形諸於宗教儀式上，在從事接觸宗教內化與外顯行爲過程中，不可避免的，都必須瞭解並探討宗教的本質，同時也必然要對宗教事業經營上所面臨的宗教財務、組織與管理問題有所涉獵；因此聖職人員在虔誠奉祀心目中完美聖神之前，必先提供一處合於法律

〔註 88〕永然文化，2000 年 11 月 1 日。

〔註 89〕「歡迎佛乘宗之友——平凡草堂交誼廳」部落格：http://tw.myblog.yahoo.com/jw!.OxOPh2GERS7gjbeCvnASA--/article?mid=4854。黃慶生有關宗教會學與法律社會學的蠻多，有《祭祀公業神明會法令解釋彙編及實務》（民國 71，豪峰出版社）、《最新祭祀公業神明宗教寺廟人登記法令彙編》（民國 74）、《最新祭祀公業法令廣輯合編》（民國 85）、《最新神明會法令廣輯合編》（民國 86）、《寺廟建造及登記實務》（民國 87，臺北市民政局），還有刊登於現在地政（民國 74～89）上宗教法制的論文及〈道教宮廟的組織與管理〉（1989，宜蘭道教總廟三清宮《慶祝道曆 4695 年道教節專輯》）。

〔註 90〕黃慶生《寺廟經營與管理》，頁 11。

規範而純潔神聖的宗教殿堂，才能讓信仰者身心靈體能夠得到眞正的安頓與寄託。」〔註 91〕當前的臺灣，重視文化創意產業與開放觀光的同時，隨著兩岸交流日漸便捷，寺廟在管理與文化上受到不小衝擊與諸多影響；新舊文明交替的時期，總有贊成與守舊者的聲浪與作爲產生，然而要發揮傳統文化的內涵，不僅在舊有的文化內容與精神上打轉，而當在軟、硬體的建設上多加著墨，這也是黃慶生君與教界、學界所期盼的進路。

臺灣的寺廟，多由大陸分香分靈而來，除了廟會或者是尋根的聚合之外，發展迄今寺廟間由同宗分枝、自各發展的關係，轉變到彼此間的聯誼活動增多了，凝具成一個教會形態的組織產生了，尤其是碰到兩岸交流時所產生的問題，委員們聚頭彼此間交換心得並處理問題。而佛教，一方面承襲了中國佛教的歷史傳統，另方面也因爲社會上經濟發達，加上與西方現代化社會的長期接觸，因此臺灣佛教在現代化的層面上，有許多創新的作爲出現。如「佛教人才教育的發達、佛教事業與社會的結合、弘法活動充分利用現代傳播媒體、佛教出版物包括書籍雜誌等大量地推陳出新、比丘尼的卓越表現、佛教社團發展的多元化、僧侶素質的不斷提昇等，這都是傳統中國佛教所未曾見的。」〔註 92〕而大陸學者雖然在極權統治下，宗教的研究與活動受到限制，但在唯物、科學的教育之下，對宗教現象以及宗教心理的研究，深具成果，是値得省思的。海峽兩岸宗教文化的交流，不僅可以看出彼此的處境、差異性，在尊重前提下也可以增進彼此的距離，學習對方的好處，使作文化上的進路。

佛教是一個重視重視菩薩道、迴向眾生、走入群生的宗教，而臺灣的民間宗教重視儒家與講求孝道，其根源都是來自中國的宗教。海峽兩岸因在不同政權統治下對立了 40 年後，逐漸跟大陸作文化上的交流，讓本土學者興起了無限希望與轉機。除了前進大陸發展之外，國際化與本土化的聲浪高漲了。蔡瑞霖說：「在 40 年來現實的對立下，臺灣的宗教界開始採取向大陸推進的一個整體行動。所以，不只是回溯，而更是推進。就這一點而言，也代表了一另外一個祈望，就是臺灣的宗教研究本身要提昇到世界史的地位上，爲了要提昇到世界史的身份，所以它本身要有自己的特色，所以更要重視它

〔註91〕黃慶生，前引書「自序」，頁 16。
〔註92〕游祥洲〈論兩岸佛教互動及定位與定向〉，《兩岸宗教現況》，頁 144。

的本土性。」〔註93〕本土意識的抬頭，雖然有一段歷史的發展，但隨著兩岸宗教文化的歧異，以及覺知到臺灣宗教的優越性、獨特性，使得臺灣學界對自己本土宗教的研究產生了感情、滋生了興致，由是對宗教與民間信仰的田野調查、區域性研究、個案探討、深入訪談，都變成珍貴的、值得鼓勵的事情，連帶更加重視歷史文物與藝術文化的發展。

大陸方面近年來，更加瞭解到宗教對社會的影響力，因此亦在思考對策，雖然有一些看似蠻具體的作爲，如佛學院、宗教研究所的設立、以及成立部會級的組織，但其對宗教的政策沒有擺脫「政治管轄宗教」，以及「宗教等於迷信」的前提。〔註94〕但近年來在海峽兩岸的教交流下，更加見識到宗教的影響力，所以對宗教人士及其活動，還是採取嚴格的控管。而反觀臺灣，在早期政府威權的統治之下，教會、教團或者是制度性的宗教對其他宗教總是以邪信、迷信的立場來看待，解嚴後信仰宗教自由了，以佛教教團爲或教徒爲例，他們看待俗世的信仰，或用民間信仰的術語，或用迷信，〔註95〕以區別他們所謂的正信；而哲學家或知識性份子，也慣稱制度宗教爲正信，民間信仰代表迷信。〔註96〕對於新興宗教，如神壇與密宗教派，社會上也慣說或稱爲是一種狂熱。跟大陸相較之下，由於政府對宗教管理上的鬆綁，使得立案的宗教增多，新興宗教也層出不窮，初時產生諸宗教的見解不同而爭詬，如今尊重信仰自由，各宗教已能自行其是地去發展前途，只要不違反憲政與法律。

而新興宗教，還是不斷地展現其活力與其對社會的影響，並努力與制度性宗教對話與反思，如空谷閒雲在2003年7月1日刊登〈反省自己的修證是否落實〉文說：「各位同參道友：近代禪宗祖道秋晚，緇門人才寥落，自宗匠虛雲老和尚、來果禪師，以至最近之廣欽老和尚圓寂後，眞實悟道而又具公信力的禪師（即爲禪門內部及諸方所認同敬重，推爲眼目領袖者），幾乎道不出一兩個來，致令群龍無首，抉辨邪正乏人。有白衣大德乘時崛起，自稱開

〔註93〕〈第一屆兩岸宗教文化交流座談會紀錄〉，《兩岸宗教現況》，頁322。

〔註94〕鄔昆如〈衝突與調和——宗教哲學對兩岸人生觀的省思〉，《兩岸宗教現況與展望》，頁101。

〔註95〕楊國連等，《臺灣佛寺導遊（一）》「龍山寺」，頁28云：「時代變動，人心在兵荒法馬亂的時空中，突然發現了宗教才是心靈最安和的皈依場所，於是，寺裏的香火更盛了，善男信女，正信與迷信，都復於佛前尋回磨洗心靈塵垢的地方。」這裏的正信與迷信，是否依觀音或媽祖信仰來加以區分，就不得而知了。

〔註96〕參見傅佩榮〈由宗教哲學對兩岸宗教文化的初步反省〉，《兩岸宗教現況與展望》，頁83云：「宗教淪入功利與俗化而不自覺，信仰就可能變質爲迷信。」

悟，開宗立派，收徒領眾，儼然有接續祖燈之勢，他們又喜作呵佛罵祖、驚世駭俗之言，毫不客氣地評擊古今顯密緇素大德高僧，其中最有名氣和實力者，當以臺灣李元松所創辦的現代禪，和蕭平實所領導的正覺同修會爲最。由於李某、蕭某口舌招怨，故其團體多爲顯密佛弟子所排斥，被判爲附佛外道，不與往來，不予理睬。（中略）李元松臨終所作的懺悔，值得各位深思。無論飽讀多少經書，無論擁有多少信眾，無論是否著作等身，無論建立多少功績，當生命走向尾聲時，往往才發現，這些都不能幫助自己自在的了脫生死，到此才感受到自己的無助和困窘。現今的佛子不重行持解脫，卻喜度人利他，行菩薩道。古人說：『若不說法度眾生，始終不能報佛恩。』可是法師說法度眾生，忘卻自己生死事。不是嗎？當我們太急於或太熱衷於入俗利生，投入舉辦種種世間活動時，往往便會漸漸模糊了自己行事的動機，會忘卻了我們自己所最需要解決的事情。於此不禁又懷念起了廣欽老和尚，想起廣公一生的行儀，以及臨終時的灑脫無礙。還有一點請各位反思的，且看李某生前滿腹經論，學問淵博，深入禪定，辯才無礙，自誇開悟證果亦易事而已，惟其病重時，自知道力不逮，便轉以淨土爲歸果，於此，聰明的各位都可省悟到一些道理來吧，不用余明言了。」心道法師則迷徒知返，重回佛光宗跟星雲法師懺悔。這些都是新興宗教在臺灣發展的現象，由這些現象中可以看出他們的一些處境，值得宗教界深思。

在臺灣女眾修行人，也是頗多的，不論是爲了養生或者是信仰宗教，不論其人在俗入聖，在社會上已經都鑾有成就。以比丘尼爲例，除了昭慧法師等人在學術與佛學研究貢獻之外，黃美英在〈《釋天乙》——走過臺灣佛教轉型期的比丘尼〉文中說：「天乙爲比丘尼爭取在教界及社會上的地位，而爲光復後臺灣佛教比丘尼的楷範，實不爲過。日據時代臺灣佛教半僧半俗的狀況，自光復後的民國 42 年起，因白聖等極力推動三壇大戒之傳授而漸回歸中國的傳統，其中天乙的參與戒壇，則不但協助白聖使當時臺灣佛教的『菜姑』過渡爲『比丘尼』，更使比丘尼眾得以因應知識日漸普及全民的時潮，而在佛教界、在社會上擁有自己的天地。『女眾可以在佛門奉獻什麼？』天乙法師一生以她的身教、言教不斷帶動、示範，使得比丘尼在佛教及社會中的角色更爲明確，也證明尼眾也有魄力、膽識來承擔佛教志業。」「除了參與戒場，教育比丘尼外，天乙法師提倡「比丘尼自己教導比丘尼」，她一生住持四個道場嘉義半天岩紫雲寺、高雄興隆寺、彰化白雲寺、臺北圓通學苑。由於專研戒律，所以對寺院的管理理念也來自於戒律，認爲女眾宜群居一處，過共住、共修、共學的生活，她抱持的理念是：「女眾要互相扶持」、「比丘尼事比丘尼決」、「女眾修行要靠自己，不要依賴男眾」，這樣的風格不但落實在她自己住持的道場，也在她常挺身處理問題的其他女眾道場間。」在天乙法師短短50餘年的人生，沒有足以傲人的事業，沒有任何著作傳世，但她強調比丘尼對佛教的責任的遠見與眼光，整頓了尼眾的生活理念，創造了尼眾的新形象，更影響了日後臺灣比丘尼的生態，創辦香光尼僧團的悟因法師便是受學於她，而深受啓發。〔註97〕

目前臺灣政府對宗教的態度，表面上還是停留在消極的管理、輔導階段，但其心態可由公民教育缺乏宗教教育可以窺知，而生命教育與人文博雅教育只有極少部份關涉到宗教。由於重視科學知識的緣故，社會上一般物質化、功利性重的人還是認爲信宗教的人會搬神弄鬼。其實信仰在臺灣已成爲個人自由的問題，宗教信仰因個人在思維、修行上有著層次性之不同，而不是你信甚麼教就比人高尚，那是個人的意識問題，而不是人格或品德問題。意識覺醒到甚麼狀態或程度，其人就容易信入某個神壇或教派，而不僅是狂熱問題。學者們關心新興宗教在現代化過程中引發的生存危機，導致其在神聖化與世俗化的調適上出現了一些問題。「藏傳佛教雖然在精神領域上，打動了現代人的心靈皈依，可是在世俗化的擴張與傳播下，也可能迷失在工具的異化形式中，將內在神聖性的宗教領域掉落到講究功利與實效的現世體制，表面興盛的繁榮景觀，卻隱藏著各種可能失序的生存挑戰，尤其是過度地依賴現實社會的經濟條件與物質生活，忽略了其以生命爲主體的人文精神與宗教情懷，只成爲爲滿足民眾現實利益的工具理性，缺乏了來自信仰的精神實現與價值認同。」〔註98〕新興宗教所面臨的內外部問題，這關係到其教團的生存發展，以及社會對其教團的觀瞻，這本是教會該時刻留意的事項。一個教團如果沒有遵循其立教宗旨、因應時代發展的策略，以及展現對危機的高度意識與完善的處理能力，這個教團將面臨到很大的考驗，乃至於衰微、滅亡。

臺灣的社會，由於靈修、禪坐、靈性、覺醒的術語，已是蠻流行的，除了固守自己教派的信仰之外，瞭解、尊重他人的信仰也是很重要的課題，不

〔註97〕《香光莊嚴》第57、58期，2002年10月1日。

〔註98〕鄭志明〈藏傳佛教在臺灣發展的現況與省思〉，《普門學報》第30期（2009年11月，佛光山文教基金會），頁116。

僅可以增進人際關係的和諧，辦事也減低阻礙。我們看網路各式各樣的交談留言，有時同宗教信仰者之間很容易交心，但眞入宗教之門就不僅是僅靠交心而已。靈修、靜坐、禪坐又當是如何呢？舉一則網路年青人的話說：「靈修?! 今天南門教會還是北門教會的福島和她們契友去我們的交會唷！我們小家都在認識彼此，我和另一位女生她叫宛柔，我們說：『我們愛我們的耶穌！愛我的教會！！』」以前，總以爲靈修就要冥想或打坐或靜坐，但長大懂了，知道先「信入」才是重要的！靈修或禪坐的前行，就得先輔之以「正知」、「正念」，漸次以入道，不然僅是常常跑教會或者廟宇，找神父或和尙談話耳，不如那跑神壇者的實惠功利。學宗教入道門，有良知益友之類的善知識，來引導是很重要的。向前須要人引導，中途則靠自己努力，「師以証量傳，弟以到量授」，師資傳授很是重要，不然同那迷途羔羊，在佛在教在密，儀軌與戒德也很是重要，不然似那異人異行的外道，只崇拜於偶像、覓尋在欲求成了邪命食的惡鬼道。在信仰上，不論是近代中國或是臺灣宗教文化，不論是清領時代、日治時代乃至於今日之臺灣，媽祖、觀音與念佛都是民間的主流信仰，尤其是現在的臺灣。

在海峽兩岸文化交流上，媽祖儼然是兩岸神明的紅人，而民間信仰中穿插的歌舞劇團、神壇的藝陣活動，以及民間藝人的優人神鼓等，紛紛走上國際舞台，在發揚傳統民俗與文化的創發上已能崢嶸頭角。國人善用神佛、禪密道的效果，眞是能大大地彰顯在化交流之上，佛教界如能省思到「對神佛界的崇拜與信仰是人類追求社會倫理以及各種微妙心靈渴求的反映」時，則當可信心十足地住心一處努力修持，先做好行化上的準備工夫，如此以辦佛事才是眞正說得上是一位宏法利生的行者。但海峽兩岸在文化交流上，還是有局限性，其問題來自大陸的意識型態過重，如某一位作者在寫《臺灣文化資產保存歷程概要》的書，其說：「這篇論文，乃應中國某大學出版社所編纂之有關臺灣的考古、美術、文化資產研究的專書所寫，預計於今年出版。原稿 18,000 餘字，可能因爲又臭又長，被主編刪掉了不少，毫不意外地，某些用語用詞也被改掉，如題目從『臺灣文化資產保存歷程概要』變成了『臺灣地區……』，所有『臺灣』、『中華民國』、『我國』一律被改爲『臺灣地區』；日治時期變成『日佔時期』；最重要的，文中的討論、結語部分有提及日本時代的某些敏感人物如北白川宮等，或者論及神社、日式建築、原住民文化資產的部分，也大部分被刪除。筆者有點不服氣，刪成這樣，雖然看似行文流暢，卻不能完全彰顯本人的史觀、立場，及表達此文欲陳述的意旨，而使此文淪於流水式的史料簡介。所以筆者將全文（含插圖）張貼在部落格上，以便對照。」〔註 99〕在大陸連寫中華民國、臺灣、神社之術語都不行，更何況說臺灣宗教文化的好呢！從海峽兩岸文化交流的美景上看，國人還眞要非常努力與慢慢的等待了。

目前跨國社會運動工作者有一種呼聲：「以全球爲架構思考，以在地爲關懷行動。」（Think globally, act locally）把全球在地的鬥爭串連起來，對抗資本主義商品邏輯的全球化。本土化也稱在地化。在臺灣境內與國際上有兩種重疊卻有區別的意涵，英譯皆是 Localization，海外部分華語譯爲在地化。全球在地派要團結起來，促進自我覺醒，積極投入復興在地文化元素的工作，並在文化、環境、人權、消費等方面抵制資本主義全球化的不良影響，以保障「在地」認同和特色的存續。當世人面對西方資本主義重視科學化、物質化的強烈衝擊之下，全球化與本土化成了國家發展的一個主流意識與活動，臺灣政府在這方面也做了不少努力。周桂田在〈全球化與全球在地化——現代的弔詭〉文中說：「臺灣社會遭遇全球化問題除了在經濟和政治面向上受到較多的討論外，在科技、環境與文化面向上的反省聲音是相當微弱的。」又說：「本土社會明顯的缺乏在地化反省批判的實踐！」因此，成爲「遲滯型的高科技風險社會。」對此呼籲的反應，其實在宗教界，尤其是宗教學與社會界更是明快的，成果早是斐然，因爲這是宗教界的濟世途路，學界要留意關懷的對象，宗教界與學界還有政府的主管單位豈能或忘；透過社會學家與宗教學家們的仔細研究與觀察，學界很快地提出建言，輔之以政府管理部門的協助與輔導，宗教界由是對世情變遷更明確地做出良好的作爲，是必要也是應該的。

總之，臺灣的宗教，約略可分爲日治以前、日治時期以及臺灣光復之後。〔註 100〕民國 38 年大陸淪陷，在中共肆意破壞下，中華文化受到全面的摧殘，

〔註 99〕http://blog.xuite.net/evanhoe/balihun/21923088#message_header，「Xiute 日誌」2009 年 1 月 20 日。

〔註 100〕在民國 80 年以前，研究臺灣佛教史大致上不是分爲三期就是五期，如林進源與邢福泉，那是通俗與一般學者的看法。但民國 70 年以後，臺灣的佛教隨者全球性與現代化，其生態的變化是多元的，因爲研究的角度或內容不同，其分期變成多樣，如寺廟發展的分期問題；就佛教的學術研究而論，也可以分爲很多期；就教團來看，臺灣光復以後，約略可以區分爲中國佛教會更化期、山頭生成期（包括人間教團與新興宗教、居士佛教）、後現代化並弘期，不論佛教發展是如何分期，期間民間信仰的力量不容忽視。

尤其共產黨強調無神論，非議唯心的、資本主義的東西，更對宗教與信仰施行有計畫的破壞，佛教信仰與文化之紹隆，轉移到臺灣。〔註 101〕不論佛教界或學者對日治時期的佛教與光復之初正統佛教的改革，是如何界定其是非與成就，那都是臺灣佛教發展的一些面貌與過程，人們生活其中，好壞非由少數的局外人所能引伸的。至於當前臺灣佛教發展的現象與局限性，〔註 102〕學者論說多矣；然其特色有幾點是人所共見的，一是延續明、清以來佛教的遺風；二是，居士佛教的興盛；三是，知識份子對於佛法重新產生興趣；四是，積極參與社會慈善事業；五是，佛道同祀的情形甚爲普遍；六是，熱心於文化交流。

宗教在中國走過了一段漫長的歷史，從原始信仰的巫術到巫術與氏族社會的結合，從天道思維影響國策精神到王權的高漲，從封建王權衰亡到政教分離，從政府迫害宗教到政府管理宗教之路，都見證了宗教對人群的影響力。不論是日治下的臺灣佛教或者是大陸來臺發展的佛教，都面臨到政府在發展上的需要，以及社會變遷下科學與唯物、新思維與舊習性的衝擊，並從不斷地實踐與生活中去謀求出路，不論是教內或對異教的問題，都是一樣。在中國不論是儒教或是佛教還是道教，都沒有形成像西方的所謂國教的形式，因此宗教之生存發展多繫於君王之一念心態或者是官宦士夫的好惡。民國初年共和國成立，佛教界上書孫大總統曰：「今日世界大勢驅向共和，政教兩方面各宜自謀獨立之法，必使享相成之利益，泯相侵之弊害，則世界和平庶幾得維持永遠。」孫大總統覆函曰：「近世各國政教之分甚嚴。在教徒苦心修持，絕不干涉政治。而在國家則盡力保護不稍吝惜，此種美風最可效法。民國約法第五條載明，中華民國人民一律平等，無種族階級宗教之區別。第二條第七條載明，人民有信教之自由。條文雖簡，而含義甚宏。是貴會所要求者，盡爲約法所容許。凡承乏公僕者，皆當力體斯旨，一律奉行。」〔註 103〕徒法不能以自行，後來的政府撕毀約法，對宗教採護持、破壞`依違兩端的謀略，廢寺以興學，佔廟產爲私有，抓僧人爲軍夫，不良之惡行都昭彰在世人眼前。世風敗壞，佛教徒不說是己家之護持不力所招致，由是當明因果的人不明因

〔註 101〕關於佛教在臺灣的發展及其五大特色，參見林進源《中國神明百科寶典》，頁 32～37。

〔註 102〕對於佛教熱及其局限性、發展進路，參見周慶華《後佛學》，民國 93 年 4 月臺北里仁出版社。

〔註 103〕《白公上人光壽錄》「民國元年——教團」，頁 16。

果而諉禍於儒教，也是不智之舉。

古來宗教間相爭，得利者是搞政治者與野心家，僧俗之爭亦然。民國以來，佛教居士林的聲勢很大，啓建普利幽冥道場，以超度連年災禍戰役死難軍民。光心法師於上海《世界居士林》刊物上發表〈對於各處居士所辦法會團體之意見〉一文說：「僧侶居士於利濟修持各有其便，不可數典忘祖，妄論優劣。損毀僧寶，有失居士辦會組團之本意。」〔註 104〕尼眾問題以及居士辦會組團，在臺灣還是受到大陸來臺僧人或守舊僧人的關心或私下非議，〔註 105〕更何況是尼姑、菜姑、趕經懺的俗僧以及收徒受拜的居士，〔註 106〕被傳統佛教界非議更是激烈。佛教界要正本清源，呼籲組成一個有力的團體由來已久，〔註 107〕中國佛教會雖然成立還是群龍並立，中國僧人各辦各的佛事，尤其是有自己的道場心才安穩如悟明長老，〔註 108〕很多人會覺得辦團體的事麻煩，因為不合情理的事一大堆，肯辦事者常受到非議與攻詰如白聖法師者。佛教界要正本清源，本無可厚非，本該從自己做起，卻配合政治清到別人的信仰之上，這在大陸〔註 109〕與臺灣的佛教史上多見。中國佛教會在臺恢復、成立

〔註 104〕《白公上人光壽錄》「民國 15 年——教團」，頁 83。

〔註 105〕釋淨心〈探討位來的世界與佛教的問題〉，《探討未來的世界與佛教的問題》，頁 100。

〔註 106〕關於在家居士得與不得受僧拜，在臺灣還是一件教界的公案，傳統的佛教界還是反對出家眾拜居士或外道為師的，連正信佛教徒他們都覺得麻煩。關於民國初年僧俗之爭，《白公上人光壽錄》「民國 16 年——教團」，頁 90 云：「歐陽敬無居士編印《藏要》，續撰〈支那內學院院訓釋〉論作師，主在家得為僧師，受僧拜。太虛法師不以為然，撰〈與竟無居士論作師〉以諍之云：『七眾律儀，大小共遵，住某眾不安某眾之分，如近事凌躐比丘，尤為毀壞七眾全部律儀，亦即為毀一切菩薩律儀。』」方便與僧制問題，另見歐陽敬無〈辨方便與僧制〉，《中國佛教思想資料選編》，頁 329～335。

〔註 107〕為佛教生存發展的緣故，不僅僧人呼籲教界要組成有力的僧團，居士也是一樣，參見《白公上人光壽錄》「民國 16 年——教團」，頁 90 云：「居士陳伯達撰《震旦佛教存亡問題之研究》，呼籲各地法師、退院、住持速起組織有力團體，改善教徒，護持大教，法門事非不可為也。」

〔註 108〕悟明法師建道場及心願，參見釋悟明《仁恩夢存》，頁 204、頁 240。

〔註 109〕因為全國教育大會提議改僧寺為學校，國府會議議決設立救濟院，內政部草案第六條云：『得利用寺廟或公共適宜場所為救濟院之院址。佛教會因之請願，結果是配合政策推行，參見《白公上人光壽錄》「民國 17 年——教團」，頁 104 云：「王一亭居士因佛會事謁蔣總司令，經蔣氏面示三項方針，一是眞正依佛教行持的僧徒，可以保存。二是藉教育造就有知識的僧徒，可以保存。三是寺院須清淨莊嚴，不可使非僧非俗的人住持，且對社會有異的事可以保存。」

有其歷史背景，其成員外省居多，雖被人詬病處不少，但對臺灣佛教的改革，主要是透過傳戒活動來進行的，這對臺灣居士佛教的發展有相當大的影響。

此外齋教在臺灣佛教發展史上，不能說連一點貢獻都沒有，光復前臺灣居士佛教的發展情形當以齋教為主線。以齋教傳統為主流的居士佛教，在光復以前雖然有部份逐漸佛教化，但卻由於失去主流地位，發言權與主動權削弱不少，在臺灣光復後開始面臨到強調「佛教祖國化」者〔註 110〕嚴峻的指責；這種指責來自兩個方面：一是在教義上，齋教的傳統背負著「外道」、「邪教」、「魔種」的陰影；二是在家主持道場的正當性，受到質疑和否定。〔註 111〕相較之下，大陸來臺的法師、居士，亦不乏學德俱優者，透過他們的言教、身教，豐富了臺灣佛教思想的內涵，提昇了臺灣佛教徒的眼界，自然使得一般佛教徒聞風景從，從而喜悅、樂意地接受他們的指導和影響。〔註 112〕張曼濤先生說：「1950 年後，經過中國佛教總會改組，成立各縣市支會，且一律採用中國式的戒法。剛開始時，先以齋堂、尼寺等的年輕人為輔導對象，授予中國傳統佛教的出家戒法，藉機除去日本佛教的影響。到這個時候，才能說是中國佛教的正式再建。嚴格的說來，1949 年來臺的僧侶，可算是中國佛教再建的第一期人物。第二期的人物，則是大陸失陷後流亡香港，之後再來臺的佛教人士。這些人士對臺灣的佛教有很大的貢獻，其對佛教的復興，偏重在佛教之思想與學問方面的工作。」〔註 113〕但大陸來臺的佛教徒，給臺灣居士佛教的發展帶來的另一項正面因素，是一些來臺的居士帶來了大陸居士道場的傳統，並在臺繼續主持居士道場，成為臺灣居士道場的新血輪。其中頗為著名而有貢獻者有四：一、李炳南老居士主持的臺中佛教蓮社，繼續大陸淨業林或居士林的結社念佛、講經授徒的傳統。二、南懷瑾老居士主持的十方

〔註 110〕釋東初〈如何改選中佛會〉，該文收入《民主世紀的佛教》（東初老人全集５）一書（1986 年 7 月，東初出版社），頁 187～189。；另見楊惠南〈白聖法師訪問記〉，《中國佛教》革新第 44 號第 26 卷第 2 期（1981 年 11 月，臺北十普寺），頁 8～14。

〔註 111〕溫金柯〈臺灣佛教居士的展望〉，1992 年初臺南《佛教與臺灣社會學術研討會論文集》。

〔註 112〕溫金柯〈臺灣佛教居士的展望〉，1992 年初臺南《佛教與臺灣社會學術研討會論文集》。

〔註 113〕詳見張曼濤〈臺灣的佛教〉，中村元主編、余萬居譯《中國佛教發展史》「第四篇漢語文化分佈的佛教第二章臺灣的佛教」（1984，臺北天華出版社），頁 1064。

禪林，亦以居士身指導禪的修行及講授世典。三、屈映光等藏密系統的上師，以居士身傳授密乘。四、周宣德居士等組織的慧炬社，普及弘法活動，輔助大專學生入佛門，其成效顯著，響深遠。〔註 114〕但民俗佛教與正信佛教間的扞格，在社會上還是常見，尤其是道場的住持與居士的傳法、祭祀的習慣問題。〔註 115〕臺灣的地方信仰有其獨特性與發展性，使其在 1990 年代後成爲鄉土文化發展的特色之一，地方寺廟成爲有利的據點，許多寺廟開始結合官方力量，以現代化的包裝行銷概念將自身傳統的民俗信仰活動加以轉型；結合宗教、產業、藝術的文化祭模式，是臺灣近年來常見的現象，這也是建立在地方信仰的核心中來辦事才會成爲可能。〔註 116〕這使得宗教親和性與俗化的現象更加深化，對宗教來說是有利有弊；利的是宗教人士的濟化活動頻忙了，寺廟投入的人力增多；弊的是弘法人才的德行與知能易出問題，尤其是僧尼與居士的教育問題，還有他們的角色扮演。

或說關於佛教團體的問題，一個僅爲私利的山頭而說是爲了佛制，或高亢地宣揚僧不拜俗、僧不向俗人學習的問題〔註 117〕是關涉到聲聞法與佛學的傳習問題，終會被古德譏評爲：「古人以個人方便益於團體，今人乃以團體方便益於個人，是之謂以劫奪之手段，行變制之妄爲，方便云乎哉？！」〔註 118〕印順法師在〈建設在家佛教的方針〉文中說：「復興中國佛教，說起來千頭萬緒，然我們始終以爲：應著重於青年的佛教、知識界的佛教、在家的佛教。今後的中國佛教，如果老是侷限於——衰老的、知識水準不足的、出家的（不是說這些人不要學佛，是說不能重在這些人），那麼佛教的光明前途，將永遠不會到來。在這三點中，在家的佛教更爲重要。」〔註 119〕在威權時代，中國

〔註 114〕溫金柯〈臺灣佛教居士的展望〉（民國 95 年 4 月，圓光佛學研究所），1992 年初臺南《佛教與臺灣社會學術研討會論文集》

〔註 115〕李世偉〈戰後花蓮地區佛教發展初探〉，《圓光佛學學報》第 10 期（民國 95 年 4 月，圓光佛學研究所），頁 357。

〔註 116〕同前註。

〔註 117〕溫金柯在〈臺灣佛教居士的展望〉文說：「皈依三寶，原非皈依個人，現前僧只是證明者而已。佛教的習慣，只許出家眾證明佛弟子之皈依三寶，李炳南老居士以居士身爲弟子作證明，也算打破了顯教的傳統，爲大陸系統的在家佛教的發展推進了一步。至於臺灣傳統齋教的在家佛教早已有在家收徒之實，密教上師亦然。」

〔註 118〕歐陽敬無〈辨方便與僧制〉，《中國佛教思想資料選編》，頁 330。

〔註 119〕釋印順〈建設在家佛教的方針〉，收入《教制教典與教學》（1970，臺北正聞出版社），頁 81。溫金柯說：「他把『著重於在家佛教』與『中國佛教的光明

佛教會尚能堅壁清野，改革舊有的不適宜固習，的確是有利於佛教的部份發展。〔註 120〕但隨著佛光協會的成立〔註 121〕、人團法的行使，宗教社團開放了，對傳統教團迎面襲來的歷史變化，卻是一些新興教團的崛起與競爭，這些團體在臺灣如雨後春筍般生起，而且它們的理念新、適應快，更能遊宗、能融合不同文化、能包容民間信仰。其中的一些團體，得以接納、吸收社會上、國際上更多的信徒與資源，使作更大的發展，幾乎成了普世性的宗教。自從海峽兩岸分治以來，佛教在臺灣的發展是受到許多因素的影響與衝擊下產生的，其生態不同於大陸來臺僧人所謂的「祖國佛教」，也大不同於日治下的佛教，而是別開生面的宗教生態，所以江燦騰說：「臺灣佛教組織的變革——國際化、多元化和本土化，是政治解嚴後，對整個臺灣佛教生態最大的衝擊，

前途』連繫起來，和東初、白聖等把建立出家中心主義、抵制在家佛教視爲『延續中國佛教命脈』，恰成一個對比。其實白聖長老隨著年齡的增長以及見識的深廣，他對佛教的發展有很多好的構想，晚年也想到這些不僧不俗的出家人問題、尼眾的未來，想力圖改革，但傳統派還是固執的。其他道安、明復（白聖會下）也想到中年出家眾教育問題，尤其是女眾問題；南亭、明復、聖嚴、惟覺都考慮到接引青年學子入佛，而聖嚴、惟覺著重在出家，南亭則說隨緣，明復注重根器不輕易收徒；而星雲、證嚴接引來學更開方便之門，所以開展出人間佛教教團。

〔註 120〕溫金柯在〈臺灣佛教居士的展望〉一文中說：「以中佛會爲代表的傳戒派透過傳戒活動改造了一些齋堂，使之成爲僧寺或尼寺，但我們仍然可以發現，拒絕接受傳戒活動之改造的居士道場仍然很多。這可以從一些統計數字看出來。據 1977 年出版的《臺灣佛教寺院庵堂總錄》上載有臺灣各縣市的中佛會分會團體會員名冊統計，全省團體會員共 1260 個，其中載明居士爲道場負責人（依姓名作常識性判斷）的有 714 個，超過了半數。值得注意的是這些團體會員是通過中佛會的資格審定才允許入會的，但其數目至 1977 年仍超過僧寺尼寺的總數，由此可見臺灣佛教居士道場的比例仍然很高，傳戒活動的初期以齋堂等居士道場爲主要改造對象的成績，並不如想像中那麼有效。」（本篇爲 1992 年初在臺南市舉行的「佛教與臺灣社會」學術研討會中宣讀的論文，後刊登於《現代禪月刊》）

〔註 121〕1990 年 8 月成立的「中華佛光協會」，在《會員手冊》中特別提到：「中華佛光協會不專屬於出家僧團，相反地，是以在家信眾爲弘法利生的中堅份子，讓在家弟子有更多的空間爲佛教奉獻力量與智慧，不僅護持三寶，甚至可以應機說法，加入弘法布教的行列。」（《中華佛光協會會員手冊》〈佛光協會答問錄〉，頁 165～166，1991 年 5 月中華佛光協會發行初版。）溫金柯在〈臺灣佛教居士的展望〉文中說：「眾所週知，佛光協會是以高雄佛光山寺系統的寺院爲基礎而組成的人民團體，出家教團能夠公開的鼓勵、支持在家眾在其系統內有更大的活動空間，這也代表著出家教團發展中的一個新的覺醒與進步（中略）。其中的出家在家關係是否眞能如《會員手冊》所宣示的那樣，也是尚待更長時間的觀察才能評定。」（http://homepage19.seed.net.tw/web@3/unjinkr/b_1_16.htm）

其影響可謂既深且大，因此值得進一步探討。」〔註 122〕當前臺灣宗教界，不僅從制度性宗教中脫離出來的新興教團在蓬勃發展，連制度性、保守性的教團也在力圖改善其內外部問題，爭取更大的空間或更多的市場，以及更寬廣的行化與方便的場合，而不僅是固守在寺廟中修持與佛學院的教化問題了。

最後要說明的是一部臺灣史，是複雜的人們的政治活動史、人與自然奮鬪開發的歷程、人與人之間的社群互動史，期間不能缺乏的是宗教與信仰史。而宗教與民間信仰之間，是關涉到自力與他力的問題，因爲要靠自力生活則人們比較會信制度性的宗教，以求心安，更進而走向修行之路，行濟化社會的工作。另一種是對生活比較沒安全感，相信冥冥之中有神明的力量會影響人的一生，因此向神佛求實惠、祈望平安幸福，因此法師、乩童與術士在她們生活中就顯得格外的重要；〔註 123〕人們居於此種藉他力的心行，使得宗教與民間信仰在他們的心中有著根深蒂固的地位；宗教與民間信仰，自有人群活動以來，就有其意義與作用，其間的爭執從有史以來從沒有間斷過，問題出在人心的不足與不安定感。在臺灣，隨著政治的民主、宗教信仰的自由、經濟的繁榮之下，社會活動的加劇與煩忙、人們的問題增多，宗教與民間信仰的需求由是增強，信得宗教的人口數增加。信制度性的宗教或者是民間信仰，哪一種來得實惠或功德多，常是信普世宗教與神壇或新興宗教者所宣導的，對於高僧大德來說則是正信與迷途問題、也是教化的問題，就民眾的心行來看是其根性與信受問題。此外，信佛教人口數看起來是多了，但在臺灣遊宗的現象卻是繁興的，從臺灣人喜歡遊宗與跑靈山的現象來看，制度性宗教的信徒是不穩定的，這部份是其道法不能滿足來親近民眾的需求，由是促成佛教山頭制度性的發展，還有志業的推展，樹立門風來鞏固信眾，但這也暴露了其在教法上的不周嚴、不善巧處。制度性的宗教，與民間信仰的交馳之下，其方便行固然爲她樹立了龐大的人間教團的生成，但一個宗教如失卻了其對宗本的執情，她很快地就會失去了山頭如晚唐宋初的禪門，而在臺灣這種現象卻不會如此嚴重，因爲在臺灣制度性的宗教多是人間教團，一部份吸引著民間信仰的人時來親近、與會或參加志業活動，所以乍看之下其教團是興盛的，然就實質來看宗本失卻久矣，宗教學者關心的在此。

〔註 122〕江燦騰〈解嚴後的臺灣佛教與政治〉，《佛教與中國文化國際學術會議論文集中輯》，頁 517。

〔註 123〕林進源《中國神明百科寶典》，頁 494。

臺灣民眾的信仰，即使是制度性的宗教也受到民間信仰的影響，尤其是習俗節慶以及寺廟的建築；〔註 124〕而佛教思想也有被民間信仰者融攝的，如因果輪迴與治病的強調〔註 125〕、靜坐練氣與唸佛持咒的感應、修道〔註 126〕與神佛的乩文〔註 127〕等，這是因爲臺灣的宗教信仰個人或教團的自主性強、自由性高的緣故；佛教徒雖然一再強調因果的重要性，〔註 128〕但過份強調三世因果、六道輪迴的結果，助長了民間信仰的興盛，尤其是神壇將其巧妙運用以廣招信眾；佛教強調三寶與寺廟的重要性，其結果是民間道教的神廟〔註 129〕、宮壇也同樣受惠，都是說爲了功德的緣故，民眾是各信各的、愛去哪裡可以隨心所欲，因此臺灣的寺廟宮壇繁多不是沒有原因的。臺灣宗教的繁興，臺灣宗教史的研究隨之興起，田野調察與寺廟道觀的探訪，變得是顯學了；跟隨政府的管理輔導、學者的廣泛研究，宗教界越來越重視史料的保存以及藝文活動的進行，使一些宗教教團俗化加深，宗教成了大觀園，其內涵包羅萬象，寺院與宮廟除了宗本、人員與建築外貌不同之外，在民眾的心目中實無多大的差別，到寺廟觀光〔註 130〕、寺院禮敬、到宮廟拜拜、親近師父的心實無二致。制度性宗教現代化、俗化的結果，使得其人間宗教昂揚於世上，是其驕傲之處，但其外貌與跟民間宗教的距離卻是越來越近，方便行有正、有邪，是高僧大德當今所更要提舉的。

臺灣民間信仰其教義、儀式及組織都與世俗的社會生活合而爲一，如祖先崇拜、神靈信仰、歲時祭儀、生命禮俗、符咒法事以及卜卦算命等；漢人自稱

〔註 124〕王靜蓉〈擊壤歌——理想與現實之間〉，《臺灣佛寺導遊（二）》，頁 8 云：「臺灣寺宇則有些因應民間而建築趨向匠氣。」

〔註 125〕佛教行法與術數的結合，參見釋常律《因果治病改命法》，佛教正佛堂出版。

〔註 126〕民間信仰鸞堂的修道，最後會回歸佛教思想，參見竹林印經處編的《修道金篇—故事集》，高雄至善書局發行。

〔註 127〕有關乩仙乩佛的情事，參見臺中聖賢堂《天堂遊記》，香港宏大印刷。

〔註 128〕在臺灣因果報應故事常見，是免費的結緣品，如同佛家說業障，神壇也在說此道，其結果常是因果與業障在臺灣變成民眾心裡上的一種負擔；認定有之，而受其影響的，就要去處理，由是助長了佛道與通靈、命理師的生意。有關因果的書冊，層出不窮，純說佛法的參見蓮子《因果選集》，民國 91 年 1 月臺南和裕出版社。

〔註 129〕蓋神廟有否功德，參見釋常律《因果治病改命法》「捐錢越多功德反小之實例」，頁 37～40。

〔註 130〕關於寺院發展觀光，王靜蓉〈擊壤歌——理想與現實之間〉，前引書，頁 8 云：「寺是修行的棲身地，往觀光方面發展就不好了，觀光提供信眾濡沐的空間，應只是附加價值。」

是「敬天崇祖」的民族，敬天就是敬畏自然、順天行事；崇祖就是飲水思源、慎終追遠；天地間的神祇保境安民、恩威浩蕩，民眾在神誕之時舉行迎神賽會來虔誠酬神，表達對神明的感恩之情，臺灣民眾也有把佛教的佛菩薩等似神明一樣的崇敬、禮拜，乃常被現代重知性與科學者視爲迷信。神明信仰的具體行爲是祭祀，民間常見的盛大宗教祭典，主要有地域性公廟主神聖誕的年度祭典、中元普渡及不定期的建醮等。地域性公廟（祭祀圈主廟）的年度祭典爲同一地域人群共同祭祀的例行性祭典，除了表達民眾對神明的虔敬感恩之外，也呈現了地域人群的團結與整合功能，透過傳媒有些民俗文化也廣爲大眾所矚目，變成一種帶有觀光、娛樂成份的活動。普渡通常在農曆七月陸續舉行，而以七月十五的中元節的規模最盛大，是專門供奉神祇與祖先之外的無主孤魂；不定期的普渡，通常也配合在建醮中舉行，個人性質的普渡則應合民眾需求而找廟宇或神壇中人處理。在民間進行重要節慶的祭祀時，佛教寺院也同時在舉行法會，致使佛道合祀、佛道法會與祀禮融通的現象普遍發生，唯有在意者或智者或可以分辨出差別性及其由來，這也是臺灣特有的宗教現象之一。

在臺灣佛教沒有嚴密的教團組織，只有山頭式的教團在領導信眾。而臺灣的民間信仰，更是無所謂的嚴密教派組織或教團，其崇拜則以地方信仰中心的宮廟、神壇、家廟、宗祠等爲主。神廟的空間，不只作爲人祭拜神明的場所，同時也是神明服務人的地方。神廟多偏重在聖事的服務之上，以神明的超自然力量作爲服務的資源，偏重神明的靈感與顯聖，而經常舉行各種祈禱、許願、祭祀、普渡、消災、解厄、補運、齋醮與法會等活動，側重在神明的指點迷津與靈力的顯現，來化解民眾各種的生存困境，求取現實生活的利益與和諧。所以，民間信仰維繫著傳統的信仰、倫理道德觀，也保留較多傳統常民的宗教文化特質，但受到現代化潮流衝擊之後，逐漸調整其發展趨勢。如許多廟宇由傳統的管理人方式，改爲管理委員會或財團法人的狀態，並依能力陸續興建圖書館、診所、醫院、托兒所、幼稚園等服務機構；以及從事賑災、濟貧等。致使臺灣的佛、道除了信仰以及外觀不同之外，從配合政府政策以及濟化活動層面上來看，實無少差別；且在民眾喜遊宗之下，佛、道間的差距在人們眼中已經不是那麼重要，因爲心靈的寄託與愛才是民眾的最大需要，民眾到廟宇都不吝於布施與膜拜，因爲功德在的緣故。

此外，臺灣的寺廟建築與神佛造像，形形色色，有復古的風味，有融合諸國寺廟的特質，但本土味還是深濃的，這使得臺灣的宗教信仰大有別於中國大陸。臺灣因宗教信仰特別發達，人心較爲安定不僅有助於個人事業的發展，也有助於整體社會與國家的發展，這是臺灣有別於大陸的地方。臺灣人由於對宗教信仰的熱誠與心靈上的渴求，遊宗的現象是必然的，這使得各宗教在信仰與教化上獲得相當程度的便利與善巧；由於人們觀摩、學習的資訊便捷，在生活上過得比以往幸福，當人們在受創、有挫折感時，因有宗教信仰的指引，其承受力比較高了，精神生活層面的提昇在臺灣是普遍的現象，〔註131〕因爲從生到死的各種關懷機構與理念都具足了。海峽兩岸的開放，也給臺灣宗教人士一個觀摩與學習的機會，臺灣人在尋禮、關懷、傳教、布施的同時，各教團也逐漸瞭解到兩岸在政治、宗教與社會乃至於人心的差異性；國內教團間的爭執與競爭，不論教內的與教外的，如今大都轉移到海外與中國大陸上去，因爲其慈善事業頗受歡迎，且臺灣宗教界與民間護法們挾著經濟力雄厚與熱忱的緣故，彼此間的情誼拉進了，而有助於宗教間的互信、往來與融通。大陸地方廣大，但信仰佛教與民間宗教的人口數，還算少量，這激發起各宗教教團弘化上的願力，未來大陸的宗教與民間信仰的狀況如何，取決於中共當局的宗教政策還是時代發展的腳步，則有待觀察，但宗教界還是寧願取決於信、願、行的力量。

圖 7-1　顯密互通現象

〔註131〕鄭石岩〈宗教信仰與健康人生〉，《慧炬》第537期（民國98年3月，慧鉅雜誌社），頁52～58。

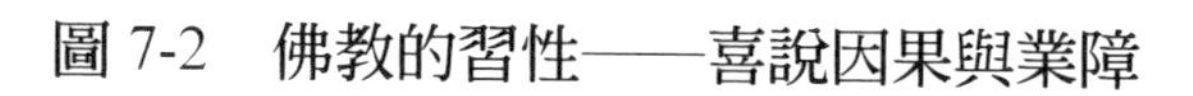
圖 7-2　佛教的習性——喜說因果與業障

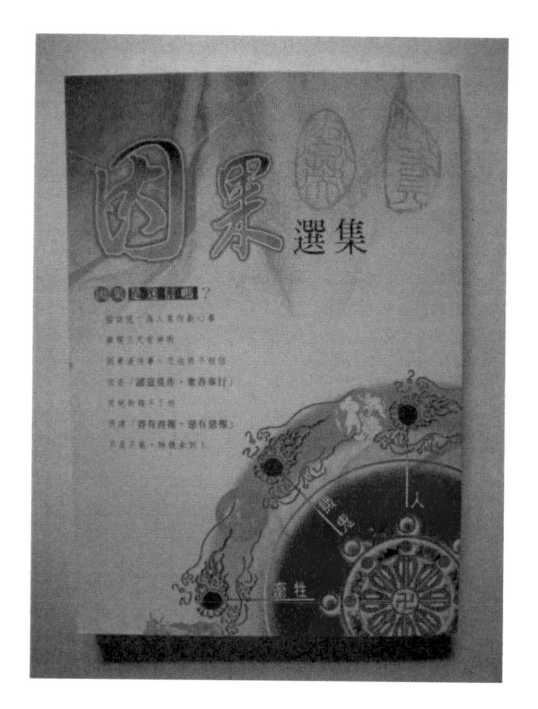

圖 7-3　佛道雜揉信仰

圖 7-4　鸞堂說佛道修持

圖 7-5　乩仙乩佛現象

圖 7-6　居士談佛法修證

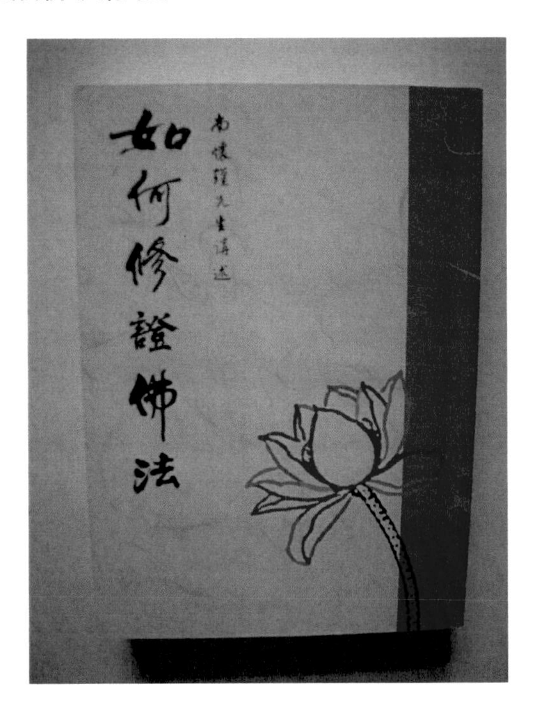

圖 7-7　佛教重視佛學

圖 7-8　俗見與空慧

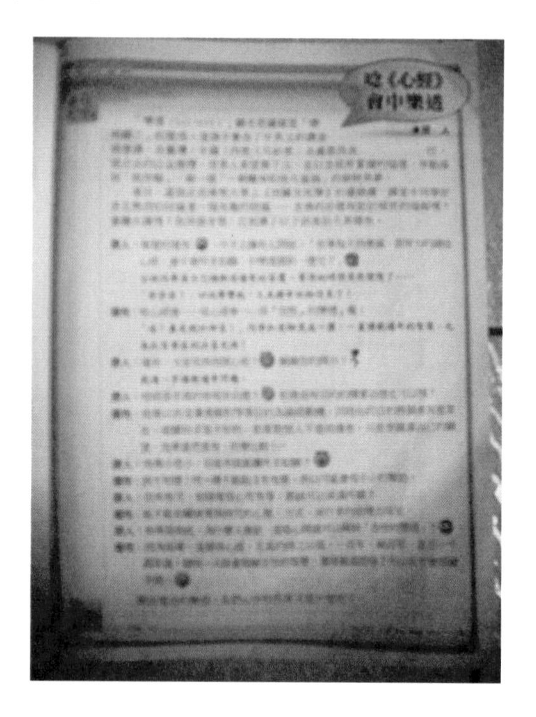

圖 7-9　民間信仰

參考書目

一、重要史料

1. 釋義淨著、王邦雄校注《大唐西域求法高僧傳校注》，1998 年，中華書局。
2. 釋義淨著、王邦雄校注《南海寄歸內法傳校注》，1995 年，中華書局。
3. 釋贊寧《大宋僧史略》，大正藏第 54 卷。
4. 《卍續藏經》選輯，新文豐出版公司。
5. 《太虛大師全書》，1980 年，臺北太虛大師全書編纂委員會。
6. 洪啓嵩、黃啓霖主編《太虛文集》，1987 年，臺北文殊出版社。
7. 《廣公上人事蹟續編》，87 年 6 月承天禪寺編印。
8. 黃夏年主編《巨贊集》，1995 年 12 月，北京中國社會科學出版社。
9. 《明復法師佛學文叢》，2006 年 9，覺風藝術文化。
10. 臺北市文獻委員會《清代臺灣寺廟》，52 年 6 月至 52 年 12 月，第 4～6 期。
11. 臺灣省文獻委員會存《臺灣總督府檔案》，明治 30 年。
12. 安本利正編《曹洞宗大本山臺北別院的近況》，昭和 52 年 6 月 10 日。
13. 《臺灣古蹟》第 1 輯，民國 66 年 4 月 30 日，臺灣省文獻委員會。
14. 《六祖壇經》「付囑品第十」。
15. 王陽明《王文成公全書》，臺北世界書局《四庫全書薈要》冊 416。
16. 黎靖德《朱子語類》，1986 年 12 月，臺北文津出版社。
17. 黃宗義《明儒學案》，1992 年，臺北世界書局。
18. 《黃宗義全集》第 9 冊〈明儒學案〉，1993 年 11 月，浙江古籍社。

19. 周蘇平、張克平注釋《南華經》，1996年1月，陝西省三秦出版社。
20. 《史記・孟子荀卿列傳》。
21. 《荀子・勸學篇冤詞》,《中國古史研究》第六冊。
22. 《古尊宿語錄》，1994年5月，北京中華書局。
23. 蔣致遠主編《諸子引得——荀子》，民國75年11月，宗青圖書。
24. 石竣等主編《中國佛教思想資料選編》第3卷第4冊，1991年10月，北京新華書店出版。
25. 《白公上人光壽錄》，民國72年農曆8月13日。
26. 李豐楙等編《道家修丹秘法大全》，民國83年12月，臺北氣功文化出版社。
27. 洪建林編《仙學解秘》——「道家養生秘庫」，1991年9月，大連出版社。
28. 程來遠主編《女修丹道指南集成》，民國86年12月，臺北氣功文化出版社。
29. 《黃石公素書註釋彙編》，2008年，佛陀教育基金會。
30. 盧元勳等編著《古代占夢術注評》，頁45。(1992年11月，北京師範大學、廣西師範大學)
31. 《印光法師文鈔》，民國45年1月，臺中瑞成書店。
32. 段啓明等著《中國佛寺道觀》，1993年8月，北京中共中央黨校。
33. 楊國連主編《臺灣佛寺導遊（三）》民國79年3月，臺北菩提長青出版社。
34. 《臺灣佛寺導遊（七）》民國83年12月，臺北市菩提長青出版社。
35. 闞正宗《臺灣佛寺導遊（八）》民國85年6月，臺北市菩提長青出版社。
36. 闞正宗《臺灣佛寺導遊（九）》，民國86年5月，臺北市菩提長青出版社。
37. 黃信陽《修道養生眞訣》，2006年6月，蓬瀛仙館。

二、書籍與論著

1. 李雲漢《中國近代史》，民國80年8月，三民書局出版。
2. 陳正茂主編《中國近現代史》，民國81年5月25日，大揚出版社。
3. 王曉波〈美國霸權主義在臺灣〉,《臺灣命運機密檔案》序，1991年11月，海峽評論雜誌社。
4. 林明煌《憲法與立國精神》，民國93年9月，華立圖書股份有限公司。
5. 饒宗頤《中國史學上之正統論》，68年10月，宗青圖書出版公司。
6. 何迪等編著《美國對臺政策機密檔案》，1992年10月1日，海峽評論雜誌社。

7. 李筱峰等《臺灣史》，民國 97 年 9 月華立圖書股份有限公司。
8. 施敏輝《臺灣意識論戰選集》，民國 78 年，前衛出版社。
9. 陳兵《佛教氣功》，1992 年 6 月，北京今日中國出版社。
10. 方豪，《方豪 60 至 64 自選待定稿》，民國 63 年 4 月，臺灣學生書局。
11. 陳啓章《大陸宗教政策與法規之探討》，民國 82 年 6 月，行政院大陸委員會。
12. 梁起超，《飲冰室文集》第三冊。
13. 沈湘平《全球化與現代化》，2003 年 7 月，湖南人民出版社。
14. 李岳牧《當代中國談判模式研究》，2007 年 12 月，珠海大學歷史研究所博士論文。
15. 《商業周刊》第 719 期。
16. 釋宏印《宏印法師演講集》，民國 86 年 8 月，臺北市慈濟文化出版社。
17. 闞正宗《臺灣的佛教與佛寺》，民國 75 年 5 月初版，臺北市臺灣商務印書館。
18. 白文固、趙春娥《中國古代僧尼名籍制度》，2002 年 12 月，青海人民出版社。
19. 楊惠南《當代佛教思想展望》，2006 年 5 月，東大圖書。
20. 江燦騰《現代中國佛教史新論》，民國 83 年 4 月，淨心文教基金會。
21. 釋明復《中國僧官制度研究》，民國 70 年 3 月，明文書局。
22. 湯用彤《隋唐佛教史稿》，民國 72 年 9 月，木鐸出版社。
23. 郭紹林《唐代士大夫與佛教》，1987 年 8 月，河南省新華書店。
24. 賴建成《晚唐暨五代禪宗的發展——以與會昌法難有關的僧侶和禪門五宗爲重心》，2009 年 9 月，花木蘭文化。
25. 賴建成《吳越佛教之發展》，民國 79 年 4 月，東吳大學。
26. 賴建成《吳越佛教之發展》，民國 2010 年 3 月，花木蘭文化出版社。
27. 中村元等《中國佛教發展史》，1984 年，天華出版社。
28. 陳榮傑《現代中國的宗教趨勢》，1987，臺北文殊出版社。
29. 梁漱溟《東西文化及其哲學》，1983 年，臺北里仁書局。
30. 《淨心長老論文集》，民國 85 年 1 月，淨覺佛教事業護法會。
31. 闞正宗《重讀臺灣佛教——戰後臺灣佛教續編》，民國 93 年 4 月，大千出版社。
32. 釋印順《遊心法海六十年》，1985 年，臺北正聞出版社。

33. 劉廣華《宗教社會化與國家發展之研究——從社會化觀點探討宗教與國家之關係》，師大三研所博士論文，民國 88 年 6 月。
34. 翁松燃編《中華人民共和國憲法論文集》，1985，香港中文大學出版社。
35. 靈鷲山般若文教基金會主編《兩岸宗教現況與展望》，民國 81 年 10 月初版，臺灣學生書局出版。
36. 張曼濤主編《佛教與政治》，民國 68 年 3 月，現代佛教學術叢刊編輯委員會。
37. 賴建成《臺灣民間信仰、神壇與佛教發展之省思》，民國 95 年 12 月，東大圖書公司。
38. 周慶華《後佛學》，民國 93 年 4 月里仁書局。
39. 釋聖嚴《正信的佛教》，民國 81 年 9 月，東初出版社。
40. 黃晨淳編著《媽祖的故事》，2005 年 5 月 15 日，好獨出版有限公司。
41. 王世禎《人神相通的靈動秘典》，佛光企業社出版。
42. 邢福泉《臺灣的佛教與佛寺》，民國 75 年 5 月初版，臺灣商務印書館。
43. 梁思成《中國建築與建築家》，北平 1953 年，《文物》第 10 期。
44. 姜義鎮編著《臺灣的民間信仰》，1994 年 2 月，武陵出版有限公司。
45. 黃慶生《寺廟經營與管理》，民國 91 年 5 月，永然文化。
46. 林本炫《臺灣的政教衝突》，民國 79 年 8 月，稻香出版社。
47. 林衡道口述、徐明珠整理《林衡道談俚語》，民國 85 年，中央月刊社。
48. 闞正宗《臺灣佛寺的信仰與文化》，2004 年 10 月，博揚文化事業有限公司。
49. 飛雲居士《細說臺灣民間信仰》，民國 82 年 4 月，益群書店。
50. 楊國連主編《臺灣佛寺導遊（一）》，民國 84 年 7 月，菩提長青出版社。
51. 陳清香〈踏察臺灣早期佛教流布的足跡〉，《慧炬》第 552 期。
52. 蓋國梁《民族文化趣談——節慶》，2004 年 5 月，萬理書店。
53. 林榮澤《臺灣民間宗教研究論集》，2007 年 10 月，一貫道義理編輯苑。
54. 黃光國《民粹亡臺論》，，1996 年 3 月，商周文化。
55. 羅納德，約翰斯通著、尹今黎等譯《社會中的宗教》（Religion in Society），1991 年 1 月，四川人民出版社。
56. 黃懷遠等《神明會實務與法令廣輯》，民國 85 年 12 月大江出版社。
57. 金澤《宗教人類學導論》，2001，北京宗教文化出版社。
58. 苗啓明《原始思維》，，1993 年，上海人民出版社。
59. 朱存明《靈感思維與原始文化》，1995 年，上海學林出版社。

60. 牟鐘鑒《宗教與民族》，2002 年 6 月，宗教文化。
61. 王世禎《細說臺灣民間信仰》，民國 82 年 4 月，益群書局。
62. 林琪雯、簡明輝《新莊大熱鬧——2001 年臺北縣宗教藝術節》。
63. 黃文博《臺灣信仰傳奇》，臺原出版及社永春民俗技藝館。
64. 新莊地藏庵管理委員會《新莊地藏庵簡介》，民國 89 年 4 月。
65. 王世禎（飛雲山人）《臺灣王爺神力秘典》「正統王爺神力無窮——王爺本來是瘟神」，佛光企業社。
66. 呂江銘《官將首：唯一發源於臺北縣的家將藝陣》，2002 年 11 月，唐山出版社。
67. 雷珍妮・徐《崑崙山生命奇葩》，2003 年 4 月 25 日寶佳利實業股份有限公司。
68. 高錦鵬主編《中華崑崙女神功基礎篇》，1997 年 12 月，江蘇省氣功研究學會。
69. 來靜《北宗氣功》，78 年，氣功文化初版。
70. 徐紹龍發行《超越與修仙術》（原名到教與超越），，民國 84 年 7 月，大臺北出版社。
71. 劉國梁《道教與周易》，1994 年 1 月，北京燕山出版社。
72. 洪丕謨《中國神仙養生大全》， 1994 年 8 月第 1 版，中國文聯出版公司。
73. 高藤聰一郎《道家仙術神通秘法》，民國 76 年 7 月 4 版，武陵出版社。
74. 《宗教論述專輯第五輯—新興宗教篇》，民國 92 年 11 月，內政部。
75. 《宗教論述專輯第六輯—民間信仰與神壇篇》，民國 93 年 11 月，內政部。
76. 富育光《薩滿論》，2000 年，遼寧人民出版社。
77. 酒井忠夫《中國善書的研究》，1978 年，圖書刊行會。
78. 郝鐵川《中國民間信仰研究》，2003 年 7 月，上海古籍出版社。
79. 吳明大師編著《金櫃符錄》「自序」，1997 年 7 月，臺北碧山岩出版公司。
80. 劉仲宇《道教法術》，2002 年 1 月，上海文化出版社。
81. 展禽譯《雪山大師》，民國 72 年 12 月，中國瑜珈出版社。
82. 心靈雅集編譯、松原泰道著《超越迷惘——法句經》，民國 81 年 1 月，大展出版社。
83. 林孝宗《氣功原理與方法》，1999 年，傳文文化事業。
84. 楊書婷等譯《達賴喇嘛心與夢的解析》，2008 年 9 月，大是文化。
85. 楊贊儒《禪定與氣功》，82 年 6 月 15 日，臺中聖德雜誌社。
86. 陳耀庭《道教禮儀》「緒論」，2003 年 12 月，宗教文化出版社。

87. 劉大悲譯《意志與表象的世界》，民國 76 年 5 月，志文出版社。
88. 一行禪師著、周和君譯《觀照的奇蹟》，民國 93 年，橡樹林出版社。
89. 黃啓霖譯、達賴喇嘛著《圓滿的愛》，1991 年，時報文化。
90. 孔融《走火入魔》，1990 年 10 月，中國醫藥科技出版社。
91. 卓曰編撰《算命術星命術》，1993 年 9，月湖南出版社。
92. 張明喜《神秘的命運密碼》，1995 年 3 月，上海新華書局。
93. 周振甫《周易譯注》，1999 年 2 月，香港中華書局。
94. 陳怡魁編審《術數文化與宗教》， 2005 年 6 月，大元書局出版。
95. 王玉德《中華神秘文化》，1993 年，湖南出版社。
96. 邵偉華《周易與預測學例題解》，1993 年 5 月，南海出版公司出版。
97. 李世瑜《現代華北秘密宗教》，臺灣古亭書屋發行。
98. 李零主編《中國方術概觀——雜術卷》，1993 年 5 月，北京人民中國出版社。
99. 洪丕謨等《中國古代算命術》，民國 79 年 5 月，時報文化。
100. 潛龍居士《卜卦初步》，民國 82 年 12 月，泉源出版社。
101. 嵇文甫《王船山學術論叢》，民國 76 年，古風出版社。
102. 王聖文編著《科學命名寶典》，宏業書局印行。
103. 吳豐隆《十二生肖姓名學》，1998 年 5 月，林鬱文化事業有限公司。
104. 奧修著、黃瓊瑩譯《覺察——品嚐自在合一的佛性滋味》，2004 年 12 月，生命潛能文化。
105. 釋廣化《沙彌律儀要略集註》，民國 67 年，臺北佛教出版社。
106. 《聖經的福音——人生的意義》，民國 95 年 3 月，臺灣福音書房。
107. 張林編輯《密教曼荼羅圖典二「胎藏下」》，2003 年 1 月，中國社會科學出版社。
108. 屈萬理《先秦漢魏易例評述》，1984 年，臺北聯經出版社。
109. 張益瑞《易經心法入門》，民國 91 年 3 月，中國人間淨土功德會。
110. 達賴喇嘛著、江支地譯《生命之不可思議》，民國 88 年 11 月，臺北立緒文化。
111. 考門夫人著、王義雄編《荒漠甘泉》，1996 年 7 月，永望文化事業。
112. 黃啓霖譯、達賴喇嘛著《圓滿的愛》，1991 年，時報文化。
113. 唐一玄《參禪方便條目》，民國 62 年 1 月，佛光山出版社。
114. 羅偉編著《現代易占卜入門》，民國 77 年，臺北益群書局。
115. 陳昭瑛《臺灣儒學》，2001 年 2 月，正中書局。

116. 段昌國等《現代化與近代中國的變遷》，民國 88 年 1 月，國立空中大學。
117. 莊懷義、阮大年《展望二十一世紀》，民國 86 年 6 月，國立空中大學。
118. 劉易齋《宗教社會化與國家發展之研究》，民國 88 年 6 月師大三研所博士論文。
119. 蔡相煇《臺灣社會文化史》，民國 88 年 1 月，國立空中大學。
120. 李澤厚、劉綱紀主編的《中國美學史》，民國 75 年 10 月，古風出版社出版。
121. 釋印順，《中國禪宗史》，民國 60 年 6 月，慧日講堂出版。
122. 鄭曉江《中國生命學—中華賢哲之生死智慧》，2005 年 9 月，揚智文化。
123. 楊鴻銘《荀子文論研究》，民國 70 年 1 月，文史哲出版社印行。
124. 朱天順《中國古代宗教初探》，民國 75 年 10 月，谷風出版社印行。
125. 達賴喇嘛著、楊書婷等譯〈達賴喇嘛心與夢的解析〉，民國 85 年 4 月，立緒文化。
126. 陳進傳《歷史傳承與文化典範》，新文京開發，2006 年 8 月。
127. 何錦山《閩臺區域文化》，廈門大學出版社，2000 年 3 月。
128. 吳念眞《臺灣念眞情》，麥田出版公司，1998 年 2 月。
129. 沈清松《臺灣精神與文化發展》，2001 年 4 月，臺北商務印書館。
130. 林榮澤《臺灣民間宗教研究論集》，2007 年 10 月，一貫道義理編輯苑。
131. 王家英《臺灣近年外交政策的趨向——一個政治經濟學的觀點》，1998 年 5 月，香港海峽兩岸關係研究中心。
132. 王家英《回歸一年的港臺關係發展——香港市民的觀點》，1998 年 8 月，香港海峽兩岸關係研究中心。
133. 王家英、冼杏儀《香港民意看兩岸三地的交流互動延續與變化》，1999 年 6 月，香港海峽兩岸關係研究中心。
134. 蕭兵《民俗趣談——避邪》，2004 年 5 月，香港萬里書店。
135. 陳來生《無形的鎖鍊——神秘的中國禁忌文化》，1993 年 9 月，上海上聯書店。
136. 釋南亭，《南亭和尚全集》，79 年 9 月，華嚴蓮社。)
137. 張訓謀《歐美政教關係研究》，2002 年 3 月，北京宗教文化出版社。
138. 任繼愈主編《中國道教史》，1990 年 10 月，上海人民出版社。
139. 金文男《民俗文化趣談——壽誕》，2004 年 5 月香港萬里書店。
140. 王世禎《敬神如神在》，佛光企業。
141. 釋悟明《仁恩夢存》，民國 75 年 8 月，臺北縣海明禪寺。
142. 窪德忠著、蕭坤華譯《道教諸神》，1996 年 10 月，四川人民出版社。

143. 王德懷《中國仙道之究竟》，民國 79 年 6 月，臺北弘亮企業。
144. 徐明達等譯、荒天金倫著《禪僧與癌共生》，民國 86 年 3 月，三民書局。
145. 頂果欽哲法王著、劉婉俐譯《嗡嘛呢叭美吽：證悟者的心要寶藏》，2004 年 4 月，臺北橡樹林文化。
146. 趙繼承《知識份子養生與康復》，1995 年 5 月，臺北智勝文化。
147. 黃少華《氣功健身法》，民國 62 年 11 月，臺南正言出版社。
148. 王培生《健身袪病小功法》，1999 年 2 月，臺北大展出版社。
149. 索甲仁波切著、鄭振煌譯《西藏生死書》，民國 85 年 11 月，張老師文化事業有限公司。
150. 嘉初仁波切著、楊弦等譯《密宗大解脫法》，1997 年 11 月，圓神出版社。
151. 劉靜平、劉渺主編《密宗功修持要法》，1993 年 12 月，陝西攝影出版社印行。
152. 劉洙源《佛法要領》，民國 82 年 2 月，晨曦文化事業。
153. 貢噶旺秋仁波切著、張曼娟譯《修心七要》，2000 年，佛香書苑文教基金會。
154. 姜使魂編《少林內功秘訣》，頁 1～43。(63 年 1 月，臺北華聯出版社。
155. 林少雯《氣功不神秘》，2003 年 9 月，臺北大地出版社。
156. 曲黎敏、彭賢《易道氣功養生》，2003 年 1 月，北京中國書店。
157. 徐道仁主編《先天派訣》，1992 年 4 月，北京中國人民大學。
158. 姚品榮編著《養生古訓錄》，85 年 4 月，臺北千華圖書。
159. 張弘強、杜文杰《從氣攝生圖說》，民國 80 年 4 月，臺北千華出版公司。
160. 佐佐木茂美著、陳蒼杰譯《認識氣的科學》，1997 年 8 月，臺北大展出版社。
161. 袁時和《吐納之間——神奇的氣功自療》，1997 年 5 月，臺北世茂出版社
162. 田誠陽《修道入門》，2003 年 6 月，北京宗教文化。
163. 席長安《大眾靜坐健身法》，82 年 12 月，臺北星光出版社。
164. 畢永升《實用氣功外氣療法》，1992 年 6 月，臺北大千圖書。
165. 來靜《北宗氣功》「序」，民國 86 年 10 月 3 版，臺北氣功文化出版社。
166. 施清文《調身條氣調心》，免費結緣品，臺北市牯嶺街。
167. 王建章、劉一明《修道五十關》，2005 年 5 月，宗教文化出版社。
168. 《保命延壽法》，2002 年 11 月，天華出版事業。
169. 湯用彤《隋唐佛教史稿》，民國 72 年 9 月，木鐸出版社。

170. 韋伯著、簡惠美譯《中國宗教：儒教與道教》，1989 年，臺北遠流出版社。
171. 楊力《易經的養生秘密》，2009 年 7 月，臺北知遠文化事業。
172. 劉燕儷等主編《臺灣歷史與文化》，2008 年 9 月，新文京開發。
173. 陳柏州等著《臺灣的地方新節慶》，2006 年，臺北遠足出版社。
174. 葉振輝《臺灣開發史》，民國 94 年 7 月，普林斯頓國際有限公司。
175. 李亦園《信仰與文化》，1979 年，巨流圖書公司。
176. 《中華佛光協會會員手冊》，1991 年 5 月，中華佛光協會發行初版。
177. 蔡相煇編著《復興基地臺灣之宗教信仰》，1989 年，臺北正中書局印行。
178. 鄭志明《臺灣的宗教與秘密教派》，1991 年，臺北臺原出版社。
179. 片岡巖著、陳金田譯《臺灣風俗誌》，1987 年 3 月，臺北眾文出版社。
180. 瞿海源《宗教、術數與社會變遷（二)》，2006 年 9 月，高雄復文圖書出版社。
181. 林進源《中國神明百科寶典》，民國 77 年 9 月，臺北源進書局。
182. 陳其南《臺灣的傳統中國社會》，民國 76 年 3 月，臺北允晨文化公司。
183. 鄭振滿《明清福建家族組織與社會變遷》，1992 年 6 月，湖南教育出版社。
184. 闞正宗《臺灣佛寺導遊（六)》1998 年 6 月，臺北菩提長青出版社。
185. 瞿同祖《中國法律與中國社會》，民國 71 年 12 月，臺北里仁書局。
186. 游永德編輯《游氏追遠堂族譜》，民國 69 年 12 月，宜蘭壯圍游姓祠廟追遠堂管理委員會。
187. 唐君毅《中華人文與當今世界》下冊，民國 69 年 4 月，臺北學生書局。
188. 黃阿熱等編《黃純善公家系譜附家誌》，民國 75 年，宜蘭五結。
189. 釋聖嚴《禪的體驗、禪的開示》民國 84 年 4 月，臺北東初出版社。
190. 張岱年《中國哲學問題史》，1987 年，臺北彙文出版社。
191. 薛化元等《戰後臺灣人權史》，2003 年 12 月，臺北國權紀念館籌備處。
192. 釋聖嚴《皈依三寶的意義》，2009 年 6 月，法鼓山文化中心。
193. 陳耀庭《道教禮儀》，2003 年 12 月，北京宗教文化出版社。
194. 沈祖祥主編《中國宗教旅遊》，2005 年 2 月，福建人民出版社。
195. 徐日輝《中國旅遊文化史》，2008 年 3 月，黑龍江人民出版社。
196. 羅哲文、劉文淵、劉春英《中國著名佛教寺廟》1996 年 8 月，北京中國城市出版社。
197. 杜繼文主編《佛教史》，2006 年 1 月，江蘇鳳凰出版集團。

三、論文與學報

1. 趙建民〈認同危機與兩岸交流〉，民國 82 年，臺北《國立政治大學中山學術與國家發展研究所學術研討會論文集》。
2. 陳沛郎〈梁啓超的對內民族策略〉，民國 94 年 3 月《弘光科技大學人文社會學報》第 2 期。
3. 黃浩榮〈中國經濟成長之謎〉，2009 年 4 月，《遠見雜誌》274 期。
4. 林碧炤〈論談判〉，1992 年 10 月，臺北政治大學國際關係研究中心《問題與研究》第 31 卷第 10 期。
5. 林邁可〈談判策略〉，1979 年 4 月，臺北共黨問題研究中心《共黨問題研究》第 5 卷第 4 期。
6. 〈兩岸會談的觸礁與兩岸關係的新變化〉，1994 年 4 月，臺北中共研究雜誌社中共研究》第 28 卷第 4 期，。
7. 楊潔勉〈美國的全球戰略和中國的戰略機遇期〉，《國際問題研究》第 2 期，北京中國國際問題研究所。
8. 楊開煌〈中共變局對亞太地區之影響〉，1991 年 5 月，臺北「後冷戰時期戰略情勢展望研討會」論文。
9. 錢其琛〈始終不餘地奉行獨立自主的和平外交政策〉，1995 年 6 月 16 日，《求是雜誌》。
10. 錢其琛〈堅持『和平統一、一國兩制』基本方針努力推動兩岸關係發展—在江澤民主席『爲促進祖國統一大業的完成而繼續奮鬥』重要講話發表七周年座談會上的講話〉，2002 年 1 月 25 日，《人民日報》第 1 版。
11. 張俊雄〈中共大國外交戰略之研究——地緣政治途徑之分析〉，，2002 年，臺北政治大學外交學系戰略與國際事務碩士論文。
12. 宋國誠〈全球化與中國：機遇、挑戰與調適〉，2002 年 3～4 月《中國大陸研究》第 45 卷第 2 期。
13. 牧田諦亮〈謝肇淛——中國佛教史研究的一提言〉，1975 年，東京東洋哲學研究所《東洋學術研究》第 14 卷第 5 號，。
14. 釋明復〈關於現代佛教寺院經濟問題的對話〉，民國 74 年 9 月，《獅子吼》月刊第 24 期第 7 卷。
15. 賴建成〈韋伯的宗教社會學說〉，民國 74 年 6 月，《獅子吼月刊》第 24 卷第 6 期。
16. 賴建成〈中共的宗教理論與政策〉，民國 74 年 5 月 15 日松山寺《獅子吼》月刊第 24 卷第 5 期。
17. 莊懷義等，《展望二十一世紀》，民國 86 年 6 月，空中大學。
18. 賴建成〈當前社會現象與佛教教育的考察（四）〉，民國 81 年 11 月《獅子吼》月刊第 31 卷第 11. 12。
19. 釋如悟法師〈我對僧教育的一些看法〉，《佛藏》第 13 期。
20. 江佩蓉〈日治時期臺灣西部日式木造寺院配置初探與其現存殿堂修護中的色彩問題〉，民國 91 年 12 月 28. 29 日，《第一屆當代佛寺建築文化與經營管理學術研討會論文集》，頁 E-1。
21. 賴建成〈民間信仰與神壇初探〉，《宗教論述專輯第六輯》3，民國 93 年 11 月，內政部出版。
22. 江哲銘等〈當前臺灣佛寺建築與環境永續發展之探討〉，民國 91 年 12 月 28. 29 日，《第一屆當代佛寺建築文化與經營管理學術研討會論文集》，頁 C1～C3。
23. 吳堯峰〈寺廟組織的系統管理要領〉，收錄於臺灣省政府民政廳編印《宗教與社會》。
24. 游謙〈歷史創傷與儀式治療〉，民國 93 年 11 月，宗教論述專輯第六輯。
25. 蘇宜湘、懲子菱〈節慶民俗及宗教觀光之資源規畫與遊客行爲研究〉，2009 年 11 月，佛光山文教基金會《普門學報》第 30 期。
26. 〈少年也鼓舞靈魂吧！〉，99 年 6 月，《年代新聞——文化印象》報導。
27. 樂晴〈談傳統民俗技藝陣頭——迓鬧熱，輸人不輸陣〉，83 年 9 月，《中央月刊》，頁 91～94。
28. 馬約翰〈從文話人類學看民間宗教與佛教〉，民國 79 年 10 月，楊惠南編著《當代學人談佛教》，頁 17～31。
29. 賴建成、吳世英〈身心靈地圖及其統合——以自然內功爲例〉，《第五屆生命關懷教育學術研討會》，頁 195～212，民國 96 年 5 月，萬能科技大學。
30. 賴賢宗〈練功心態、採氣採藥、進步訣要與宗教和丹道丹功的關係〉，民國 93 年 12 月，臺北丹道文化出版社《丹道文化》第 30 期。
31. 李霞〈從道家之道到禪宗之心〉，民國 89 年 8 月，中國慈惠弘道會《論道》，頁 148。
32. 來靜，〈古今修道第一眞經——《陰符機讀書心得》〉，《丹道文化》第 30 期。
33. 呂雄〈生命教育與品格教育之比較——以儒家和基督新教倫理的品格內化、道德制約之比較〉，民國 98 年 4 月，致理技術學院通識中心《2009 品格教育研討會論文集》，。
33. 吳煬和〈內埔地區鸞堂信仰之研究〉，《六堆信仰及宗族的在地實踐研討會論文集》，民國 94 年 9 月，美和技術學院通識中心。
34. 趙星光〈世俗化與全球化過程中新興宗教團體的發展與傳佈〉，民國 92 年 11 月，內政部《宗教論述專輯第五輯—新興宗教篇》。

35. 林本炫〈民主政治爲解決政教衝途之根本途徑〉， 79 年 8 月，稻香出版社印行《臺灣的政教衝突》。
36. 林本炫〈宗教立法應審愼爲之〉，《國家政策》季刊第 6 期。
37. 徐玉蘭〈道德能量性是維繫道教繼承與發展的血液和命脈〉，2007 年 10 月，歐洲道教協會《第四屆香港道教文化國際研討會論文集》，頁 39～51。
38. 佟兆結在〈大周天運對修眞成道的意義〉，2007 年 10 月，歐洲道教協會《第四屆香港道教文化國際研討會論文集》，頁 217～221。
39. 吳世英〈新莊自然内功〉，民國 95 年 12 月，東大圖書《臺灣民間信仰、神壇與佛教發展之省思》，頁 154～161。
40. 吳世英〈禪修中持咒、練氣的功德——密法的行持與自我的管理〉，2005 年 3 月，眞佛宗出版社《2004 臺灣密宗研討會論文集》。
41. 高志成〈王陽明學析論〉，96 年 12 月，國立臺中技術學院《通識教育》創刊號。
42. 陳文元〈身心地圖與管理藝術〉，民國 93 年 3 月，華立圖書《藝術與生活美學》，頁 128。
43. 鄭志明〈中國命運觀念與術數的文化内涵〉，2005 年 6 月，大元書局《術數文化與宗教》。
44. 盧國慶〈儒家與易經内聖外王思想的繼承關係〉，民國 96 年 11 月，臺北易經研修學院《宗教與易經詮釋學學術研討會論文集》。
45. 賴建成〈荀子思想的變革精神與儒家的現代化〉，民國 88 年 10 月 25，前程企管《禪思維與心氣道法》中篇。
46. 紹維慶〈現代化意義與中國現代化歷程之探討〉，2008 年 11 月，宜蘭大學《人文及管理學報》第 5 期。
47. 張雪梅等〈服務學習永續發展的新思維〉，民國 99 年 6 月，景文科技大學學務處《98 學年服務學習研習會議手冊》。
48. 盧國慶〈論中華民國立國精神耶儒功夫論總觀〉，民國 96 年 5 月，萬能科技大學《第五屆生命關懷教育學術研討會》。
49. 陳志銘整理〈印順法師開示〉，《覺風季刊》第 26 期。
50. 鄭志明〈藏傳佛教在臺灣發展的現況與省思〉，2009 年 11 月，佛光山文教基金會《普門學報》第 30 期，頁 91～126。
51. 李向平〈專制王權下的傳統中國佛教制度〉，2006 年 7 月，佛光山文教基金會《普門學報》第 30 期，頁 39～67。
52. 釋星雲〈中國文化與五乘佛法〉，2006 年 9 月，佛光山文教基金會《普門學報》第 35 期，頁 1～13。

53. 蔡仁厚〈從兩岸之儒學研究說到中國文化之未來〉，民國 81 年 10 月，臺灣書局《兩岸宗教現況與展望》，頁 205～220。
54. 滿耕〈星雲大師與當代人間佛教 5 之 3〉，2006 年 5 月，佛光山文教基金會《普門學報》第 33 期，頁 189～234。
55. 張二文〈社會變遷下的美濃土地伯公信仰〉，民國 94 年 9 月，美和技術學院通識中心《六堆信仰及宗族的在地實踐研討會論文集》，頁 64～105。
56. 許嘉明〈祭祀圈之於居臺漢人社會的獨特性〉，《中華文化復興月刊》第 11 卷第 6 期。
57. 釋東初〈如何改選中佛會〉，1986 年 7 月，東初出版社《民主世紀的佛教》（東初老人全集 5）。
58. 楊惠南〈白聖法師訪問記〉，1981 年 11 月，《中國佛教》革新第 44 號第 26 卷第 2 期。
59. 黃慶生《我國宗教團體法制之研究》，民國 92 年 1 月，銘傳大學公共事務學研究所碩士論文。
60. 江燦騰〈解嚴後的臺灣佛教與政治〉，1995 年 7 月，《佛教與中國文化國際學術會議論文集中輯》，頁 511～527。
61. 王思治，〈宗族制度淺論〉，1987 年 12 月，成都巴蜀書社《清史論稿》。
62. 潘宏立〈港墘的祖厝與宗族〉，1992 年 2 月，福建教育出版社《惠安人研究》。
63. 常建華〈試論中國族譜的社會史資料價值〉，1989 年 12 月，北京書目文獻出版社《譜牒學研究》第一輯。
64. 王思治〈宗族制度淺論〉，1987 年 12 月，成都巴蜀書社《清史論稿》。
65. 游時中〈東興堂廟誌（前段）〉，民國 59 年 5 月，臺中創譯出版社《游氏大族譜》。
66. 李世偉〈戰後花蓮佛教的中國化與人間化〉，民國 98 年 1 月，中壢市圓光佛學研究所《圓光佛學學報》第 14 期，頁 159～185。
67. 楊耀誠〈美國在臺海兩岸維持一個中國現狀之策略〉，民國 98 年 2 月，景文科技大學《景文學報》第 19 卷第 1 期。
68. 王志遠〈海峽兩岸禪學新思潮的趨向〉，民國 89 年 5 月，嘉義南華大學宗教文化研究中心《兩岸當代禪學論文集（上）》，頁 57～80。
69. 郭祐孟〈基隆觀音石佛巡禮〉，民國 95 年 9 月，中壢圓光雜誌社《圓光新誌》第 89 期，頁 8～25。
70. 闞正宗、蘇瑞鏘〈臺南開元寺僧證光（高執德）的白色恐怖公案再探〉，民國 93 年 12 月，高雄中華佛教護僧協會《護僧》第 37 期，頁 4～46。
71. 〈戰後臺灣佛寺的轉型與發展〉，民國 85 年 6 月，臺北市菩提長青出版社闞正宗著《臺灣佛寺導遊（八）》，頁 213～226。
72. 許抗生〈人間佛教是當今世界佛教發展的必然趨勢〉，2001 年 7 月，佛光山文教基金會《普門學報》第 4 期，頁 1～7。
73. 余秀敏〈佛教儀式神聖空間之建構——Ronald L. Grimes 的儀式描繪法在佛教儀式田調上的應用〉，民國 93 年 7 月，玄奘大學《玄奘佛學研究》第 1 期，頁 53～93。
74. 王見川〈道教在臺灣的發展〉，2002 年，臺北博揚文化李世偉主編《臺灣宗教閱覽》。
75. 李世偉〈戰後花蓮地區佛教發展初探〉，民國 95 年 4 月，圓光佛學研究所《圓光佛學學報》第 10 期，頁 339～361。
76. 闞正宗〈司公與乩童——日本「皇民化運動」下道士的佛教化〉，2009 年 3 月，玄奘大學《玄奘佛學研究》第 11 期，頁 87～110。

四、文章與報導

1. 唐光華〈臺灣未完成的寧境革命〉，民國 87 年 5 月 21 日，中國時報 11「時論廣場——我見我思」。
2. 趙金恆煒（誰要急誰要忍？），85 年 9 月 6 日，「中國時報——針探」。
3. 鄒景雯（南進政策爲何雷大雨小），85 年 9 月 6 日，「中國時報——新聞透視」。
4. 梁玉芳等〈1949 一甲子裂變與重生系列一〉，民國 98 年 4 月 6 日，《聯合報》A3。
5. 芮正皋（中華民國退出聯合國始末），民國 85 年 9 月 6 日，《中國時報》。
6. 民國 85 年 11 月 12 日，《自由時報》7「自由廣場．綜合新聞」。
7. 民國 85 年 9 月 24 日，《中國時報》11「時報廣場」。
8. 林濁水（多一點平實少一些傳奇和壯烈——臺獨運動目的和手段的矛盾），民國 85 年 9 月 16 日，《中國時報》11「時報廣場」。
9. 民國 96 年 9 月 5 日，《聯合報》A19「民意論壇」。
10. 謝劍（臺灣地位早已確定），民國 96 年 9 月 5 日，《聯合報》A19「民意論壇」。
11. 林河名等報導〈巫巫茲拉嗆聲〉，民國 99 年 6 月 26 日，《聯合報》「焦點」A2。
12. 社論〈臺灣進入後 ECFA 時期〉，民國 99 年 6 月 26 日，《聯合報》「焦點」A2。
13. 釋明復〈當世因果親歷記〉，，民國 74 年 5 月，《獅子吼》月刊第 24 卷第 5 期，頁 29。

14. ，81 年 3 月 16 日，《中國時報》「大陸新聞」。
15. 《獅子吼月刊》第 31 卷第 7 期「教訊」。
16. 釋星雲法師在〈談人生觀與感情世界——出家也是一種無盡的愛〉，民國 81 年 1 月 20 日，《自立晚報》13 版。
17. 廖威凌〈娑婆世界中的琉璃——證嚴法師人間行腳〉，民國 90 年 6 月 5 日，《中央日報》「副刊」。
18. 陳清香〈西安首屆中國密宗國際學術研討會與會記〉，民國 99 年 5 月 15 日，《慧炬》第 551 期。
19. 樂晴〈重新融入國人生活腳步中——臺灣節俗的傳薪與創新〉，民國 83 年 3 月《中央月刊》，頁 9。
20. 徐明珠〈從廟宇文化開創文化奇蹟〉，民國 83 年 2 月，中央月刊。
21. 徐明珠〈上廟求籤說籤詩〉，民國 83 年 6 月，《中央月刊》。
22. 洪敏麟《臺灣地名沿革》，民國 74 年 12 月，臺灣省政府新聞處。
23. 徐明珠〈臺灣節俗的傳薪與創新〉，民國 83 年 3 月，《中央月刊》。
24. 樂晴〈談傳統民俗技藝陣頭〉，83 年 9 月，《中央月刊》。
25. 康豹〈日治時期新莊地方菁英與地藏庵的發展〉，2000 年 3 月，《北縣文化》64 期。
26. 樂晴〈由通俗走向精緻——從廟宇文化開創文化奇蹟〉，民國 83 年 2 月，《中央月刊》。
27. 殷偵維〈惡質八家將販毒、性侵、設刑堂〉，民國 99 年 5 月 31 日，《中國時報》A7「社會新聞」。
28. 〈張家森：內丹術講心法有口訣〉，93 年 5 月 8 日，《中國時報》「兩岸三地新聞」A13。
29. 圖敦耶席喇嘛著、游祥洲譯〈空與生活〉，民國 76 年 8 月 3 日，聯合報第 8 版。
30. 〈怪颱風預報失準，總統說重話！〉，97 年 7 月 19 日，《聯合報》A1。
31. 民國 88 年 12 月 20，《中國時報》39 欄「醫藥保健」。
32. 釋太虛〈中華民國國民道德與佛教〉，1991 年 10 月，北京新華書店出版《中國佛教思想資料選編》第 3 卷第 4 冊，頁 382～384。
32. 陳斐翡〈從鬆開第一個關節開始——訪林沛堯談知覺運動太極拳〉，2000 年 1 月，《張老月刊》第 265 期，頁 64～68。。
33. 楊尹瑄〈閃現幸福之光——羅北安的生活與戲劇〉，2000 年 1 月，《張老月刊》第 265 期，頁 36～41。
34. 何瑪靜〈向大自然借能量〉，2000 年 1 月，《張老月刊》第 265 期，頁 71～73。

35. 莊慧秋〈揭開生命共通絡網——訪陳國鎮談身心靈整體健康〉，2000 年 1 月，《張老月刊》第 265 期，頁 77～83。
36. 南亭法師在〈六年來中國佛教會之成就〉，民國 79 年 9 月，華嚴蓮設董事會出版《南亭法師全集》，頁 286～297
37. 釋性演〈邁向正確的菩提學程〉，民國 87 年 6 月，臺中萬佛山《慈明》第 2 期，頁 12～18。
38. 釋性演〈邁向正確的菩提學程（三）〉，民國 88 年 1 月，臺中萬佛山《慈明》第 4 期，頁 42～47。
39. 方穎慧〈丹霞美景不勝收〉，民國 93 年 7 月，新加坡佛教總會《南洋佛教》第 303 期，頁 15～16。
40. 釋普獻講、善因整理〈肯定與超越〉，民國 88 年 1 月，臺山萬佛山《慈明》第 4 期，頁 31～35。
41. 楊永慶〈淺談佛教的德育原理〉，1999 年 3 月，臺北華嚴蓮社《萬行雜誌》第 170 期，頁 28～31。
42. 李傳薰〈共創美好的明天（十）〉，1999 年 9 月，臺北華嚴蓮社《萬行雜誌》第 164 期，頁 32～33。
43. 釋蓮海〈護國也要護教〉，民國 88 年 1 月 15 日，中華佛教護僧協會《護僧》第 14 期，頁 35～39。
44. 湯貴土〈我的學佛歷程〉，民國 94 年 11 月，圓光雜誌社《圓光新誌》第 84 期，頁 67～69。
45. 池勝美〈願有多大、力就有多大——專訪李周冬香委員〉，民國 95 年 9 月，圓光雜誌社《圓光新誌》第 89 期，頁 64～89。
46. 釋惠空〈臺灣佛教叢書總序〉，民國 95 年 9 月，圓光雜誌社《圓光新誌》第 89 期，頁 71～73。
47. 釋法藏在〈彌駝要解五重玄義講記（九）〉，民國 95 年 9 月，《圓光新誌》第 89 期，頁 42～61。
48. 顏瓊玉〈進香文化共築心靈之所——一步一腳印遶境心意堅〉，2005 年 5 月 10 日，中華民國國際工商文經交流協會《中華文化雙周報》第 10 期，頁 64～69。
49. 釋惟覺〈生命中之新生命〉，民國 94 年 3 月，財團法人中台山基金會《中台山》第 81 期，頁 10～21。
50. 許恩婷〈進香活動商機無限〉，2005 年 5 月 10 日，中華民國國際工商文經交流協會《中華文化雙周報》第 10 期，頁 76～77。
51. 釋惟覺〈追求光明的生命〉，民國 93 年 1 月，財團法人中台山基金會《中台山》第 68 期，頁 4～5。
52. 許恩婷〈媽祖超級行銷員——結合信仰與地方文化〉，2005 年 5 月 10 日中華民國國際工商文經交流協會《中華文化雙周報》第 10 期，頁 71～75。

53. 鄭保村〈知量知足常安樂〉，民國 93 年 2 月，財團法人中台山基金會《中台山》第 69 期，頁 21～23。
54. 釋清德〈法源寺水懺法會——禪修會緣起〉，民國 88 年 4 月，法源寺別苑《覺風季刊》第 26 期，頁 38～39。
55. 周宣德〈略談修身齊家的大道〉，民國 97 年 11 月，慧炬雜誌社《慧炬》第 531 期，頁 94～99。
56. 鄭石岩〈宗教信仰與健康人生〉，民國 98 年 3 月，慧鉅雜誌社《慧炬》第 537 期，頁 52～58。
57. 蔡榮雄〈二十世紀學佛青年應如何發揚孝道〉，民國 98 年 10 月，慧炬雜誌社，《慧炬》第 544 期，頁 51～58。
58. 陳清香〈紀念佛門高僧圓寂〉，民國 98 年 4 月，慧炬雜誌社《慧炬》第 538 期，頁 23～28。
59. 釋空雲〈我的學佛因緣〉，民國 98 年 3 月，慧炬雜誌社《慧炬》第 537 期，頁 59～65。